理論派スタイリストが伝授

大人のおしゃれ練習帖

大草直子

講談社+α文庫

文庫版はじめに

人生で初めての書籍、『おしゃれの手抜き』に続き、2冊目の『おしゃれの練習帖』も、文庫版を出させていただくことになりました。たくさんの方に共感していただき、このように改めて「はじめに」を書けることに、とても感謝しています。

実は、『おしゃれの手抜き』の文庫版を出版してから、街で声をかけていただくことが多くなりました。年齢もさまざま。20代の方から、美しく年を重ねた方まで。百貨店の子供服売り場で、青山のレストランのクロークで。「おしゃれが楽になりました」「おしゃれがもっと好きになりました」こんなふうに言っていただくことよりうれしいことはありません。

私のようなスタイリスト――という職業を生業《なりわい》にしている人以外で、「ファッション」が人生の優先順位の1位である。そんな人はほとんどいないと思います。そして、それでいいのです！　仕事や家庭や、趣味。一枚のブラウスを新調するより、少し高級なワインをあけることを選んでもいいし、1泊の温泉旅行に出かけるのだっていい。

おしゃれは、私たちの生活や人生を、ちょっぴり華やかにしてくれるためのツールです。すべてではないけれど、傍《かたわ》らにあったら、きっと毎日はもっと色鮮やかに楽しくなる。そのために、私たちのような仕事があるのです！　今までのキャリアの中で培《つちか》ったあれやこれやを、この『大人のおしゃれ練習帖』で紹介させていただいています。

本のサイズが少し小さくなることで、より多くの方に手に取っていただける↓読んでくださった方の毎日のおしゃれや、コーディネートが昨日よりもワクワクするものになる↓少し幸せになる↓そのキラキラした気持ちがまわりに伝わる。そんな素敵なスパイラルが生まれたら、こんなに幸せなことはありません。

大草直子

２０１４年３月

はじめに

２００９年の11月、１冊目の自著『おしゃれの手抜き』を出させていただきました。スタイリストという仕事柄、皆さんよりもたくさんの服を見、素材に触れ、実際に着てみたりもできます。その経験を何とか、ルール仕立てにしてご紹介できないだろうか――それが始まりでした。

あえて写真や映像に頼らず、読んだ方たちが「私の場合」に置き換えられるように。もちろん、そのことに少しのストレスを感じることは承知のうえで、ほとんどの法則を文章で説明しました。

そして、とてもうれしいことに、この本に共感してくださる方がたくさんいて、今回、２冊目の『おしゃれの練習帖』の出版の運びとなりました。

この『おしゃれの練習帖』を書きながら、以前よりも深く、そしてていねいに「おしゃれ」を考えてみました。

おしゃれを、前回よりも時系列で、長いスパンで考えてみたら、いろいろなルールが見えてきたのです。中には、何十年も前の記憶が始まりとなっているものもありました。

例えば――。

中学1年生のとき、友達と行った、原宿の竹下通りのショップで、チェックのプリーツスカートに一目ぼれ。

その日はあきらめて帰ったものの、その後数日間、スカートのことばかりを考え、結局次の週末にもう一度一人でショップに行ってみたのでした。自分のサイズは売り切れてしまっていて、1サイズ大きなスカートしか残っていなかったこと。

どうしても欲しかったから、買ったはいいけれど、ウエストを一つ折ってみたりしても、もちろん理想のシルエットにはならず、それこそ涙が出るほど悔しかった記憶。

「ヴァンテーヌ」編集部の編集者として働いていたころ。

大切なデートでもあったのでしょうか。どうしても膝上のスカートがはきたいと思い、夜中に原稿を印刷所に入稿して、次の日、比較的時間に余裕があった日だったのでしょう。午前中半休をとって、ふくらはぎのマッサージに行ったのでした。それなのに、会社のコーディネートルームの鏡で見る姿は、どうやったって、思い描いたスカートスタイルとは違い、泣く泣く、約束をキャンセルして家に帰った日のこと。

これらの体験は、ここでも紹介している、ワードローブの組み立て方や、自分のメインアイテムを決めること――といったルールに、つながっているのでした。

自分の中で、今、「かたち」となっている法則や決まりごとは、おしゃれをすることが好きで好きで仕方がなかった幼いころに、疑問や時にはストレスとして芽生え、編集者やフリーのエディター、スタイリストとして働きながら、少しずつ「解決策」を見つけてきたのかもしれません。

そのことを書きながら、やっぱりおしゃれって楽しい！

そして、おしゃれは楽しいものでなくてはならず、「これを着なくては……」「このブランドのバッグを持っていないと」といった、ある種の強迫観念とは、無縁でないといけない――と改めて思いました。

読んでくださった方が、ワクワクしながら朝、服を選び、季節のワードローブを揃《そろ》え、そして、そんなおしゃれに身を包んだ「あなた」自身が、もっともっと輝けますように――そんな願いを込めて、この本を送り出したいと思います。

理論派スタイリストが伝授

大人のおしゃれ練習帖――目次

目次

第1章　無駄なものは一着もない、ワードローブ作り

第2章　「私の体型」は私だけの宝物

第3章　素材と肌で見せる春夏のおしゃれ

第4章 秋冬は重ねるおしゃれを楽しむ

第1章

無駄なものは一着もない、ワードローブ作り

間違いと無駄のない、ワードローブの揃《そろ》え方

今から6〜7年前だったでしょうか。ワードローブって、線や点ではなく、面であり、立体だ……ということに気づきました。服や小物——交わらないものが、永遠に横に並んでいくのでも、あっちこっちに点在しているのでもなく、過去も、現在も、そして未来もつながっていく、空間のようなもの。

例えば去年の服や小物と、今年これから新調するアイテム、そして来年買い足すものが、きちんと「行き来」できなくてはいけない。

そう、当時の私は、このジャケットを着るために、あんなパンツがないといけない。このスタイリングには、こんなバッグがなくてはいけない……というように、1着買えば、それを着るために、もう1アイテム買う——今持っているものを生かすワードローブ作りができていなかったのです。何だかまるで、「買い散らかしている」感じ。

こんなワードローブでは、服はたくさんあるのに、結局状況は、「今日着ていく服がない！」。

経験がある方ならおわかりになると思いますが、これって、本当にストレスフル。持っている服を生かせない罪悪感と、「これがないから駄目なんだ」という飢餓感《きがかん》。ここから抜け出したいがために、自分のクローゼットを見直し、最も似合うものを吟味《ぎんみ》して、今のワードローブを作り出しました。

もちろん、私の経験に基づく「私の場合」ですが、皆さんのワードローブ作りのヒントになれば――と思い、さまざまな具体例と共にご紹介します。

信頼するショップは最強の味方

いつ行っても「定番」がある。スタッフがしょっちゅう替わらない――そんな、自分のクローゼットのようなショップをもっていますか？

さまざまなブランドの服を着て、いろいろなショップを、仕事で、プライベートで訪れて、今、私は、「パンツはこのブランド」「ニットならこのショップ」「コートを買うならここ」というふうに、数少ない、自分なりのプライベートショップがあります。

例えば、おしゃれのベースとなるパンツは、シビアな目で、さまざまなブランドのものを試着しましたが、幸か不幸か、本当に自分にフィットするのは、ほんの数本しかありませんでした。とても少ない数だけれど、この力強い味方ができたことで、服を着たときの自信は確かなものになり、おしゃれはぐんと進んだことを思い出します。

味方となったのは、ジョゼフというブランドの「ロッカー」と名付けられたパンツと、ラ・フォンタナ・マジョーレのセミワイドパンツ。ほかにもパンツで有名なブランドはいくつもあれど、自分に似合うのはこの2タイプ。

そして、お気に入りのデザインは、ラッキーなことに、毎シーズン変わらず、その店に並べられている。それがわかってから、「このパンツが何かの理由ではけない状態になったらどうしよう……」という、おしゃれに対する不安が一つなくなりました。

自分の体型は自分だけのものであって、7号、9号、11号——といった、メーカー側の平均値をとって「名付けた」サイズに当てはまらないのは当然だし、どんなタイプの服も似合う……なんていう人はそもそもいない。

だから、ここの○○なら間違いなく自分にフィットする、そんな「御用達《ごようたし》」をもつべき。すぐに見つかるかもしれないし、もしかしたら長い間巡り会えないかもしれない。けれど、いつかそれを見つけたとき、その人のおしゃれは、揺《ゆ》るぎないものになる——そう思うのです。

「買い方」にはルールがある

ファッションショウや雑誌のスタイリングで、さまざまなショップやブランドを訪れると、ほぼ毎回言われるのが、「決断が早いですね……」ということ。確かに、ラックに掛けられた膨大《ぼうだい》な服の中から、手に取るのはほんの数枚。時間にすれば、わずかな間に、その作業は進む。いちいち1枚ずつ見たりはしない。何を省くのか、何をピックアップするのか——どこに基準があるのか、自分がショッピングするときの例をもとに考えてみたら……。

まず真っ先に見るのは、色。ショップを軽く見まわして、「自分だったら着ない色」は手に取りません。それで、大多数の服は分けられる。ショップによっては、色別にきれいに服が並べられたりしているから、それこそ、話はもっと早い。最初にグレーやベージュのゾーンを丹念《たんねん》に見て、その後はネイビーやブラウン。最後に黒を。黒に関しては、レザーアイテムやドレス以外は、ほとんど視界にも入らない。

次に素材。奇妙な光沢があるものや、意味もなく薄っぺらいもの、もしくは見るからに着心地が悪そうなものは、もちろん飛ばす。そして自分の好きな素材だけ、例えば春夏ならリネンやコットン、秋冬ならカシミアやレザーの服が掛かったハンガーだけ、実際に手に取ってみます。

色、素材という自分なりのフィルターで濾《こ》されて残った服、最後にチェックするのはディテール。例をあげると、カフタン。乾いたカーキという〝色〟でまず気に入り、リネンという素材でますます気に入った一着。最後に胸元と袖に施されたウッドのビーズを確認する。「うん、エスニックな雰囲気でいい感じ」そう思って初めて、鏡の前で実際に自分にあててみます。

そこでその一着がうんと好きになったら、その後は試着。アームホールの具合や丈、サイドから見たときのデコルテのあきや、後ろ姿のシルエットなどを最終確認。プライスタグを見るのは、そのとき――ということが、実はとっても多い。値段によって、その服に先入観をもちたくないから。そして、これってとっても大事なこと。大体の予想価格をもちながら試着をし、最後に値札を見たときに、そのプライスは、「よし買おう」と背中を押してくれたり、時には、「この値段ならやめておこう」と、自分を止めたりしてくれる。そう、最後に値段を見ることで実は冷静な判断ができると思うのです。

こんなふうに自分なりの、「買い物のルール」を決めておくと、不要なものを買ってしまったり、買ったはいいけれど、結局ほかのどんなワードローブとも合わなかった……なんていう事態も避けられるのではないでしょうか？

セールとは適正な距離を置く

いつだったか。あるときから、あまりセールに行かないことにしました。なぜ？　一言で言えば、失敗することが多かったから。ある種浮き足立った、「普通ではない状況」に狂乱して、どうも冷静な判断ができないのです。あまりに混んでいるため、ゆっくり試着ができないのも別の理由かもしれません。そのことに気づいて以来、自然と、次のようなルールを自分に課すようになりました。

●セールの初日には行かない

あまりに混雑するのと、他の人との競争意識が生まれ、ていねいにショッピングができないから。

●どうしても必要な、欲しいものはプロパーで買う

必要な服や小物は必要だから欲しいわけで、セールになるまで待っていると、もちろん売り切れる可能性もある。仮に1着残っていたとして――、実は少しサイズが大きいな、と感じていても、その再会を幸運と思い込み、買ってしまいます。そのシーズンのワードローブは、セール前に揃えてしまうほうが、実は無駄がないのです。

から。

●足を運ぶなら、セール期間が始まって1週間以上経ってから

少し落ち着いた店内で、「その時点」で足りないものをゆっくり吟味できるから。

●最も狙うべきは、カットソーと手袋、タイツ

夏なら、そのショップのオリジナルのカットソー。何枚あってもいいし、デザインがシンプル、言ってみれば地味なので、他の人の目に留まらず最後まで「自分のサイズ」や欲しい色が残っていたりします。

そして冬は、手袋やタイツは必ずチェックします。上質なものは、とても値が張るから、そのままのプライスではなかなか買えません。ただし、本当は服を一着あきらめても手に入れるべき、コーディネートのマストアイテム。派手でキャッチーな服やバッグから売れていくから、こういう、完全な脇役は「良きもの」が売れ残っているのです。

こんなふうに、セールとの距離を少し保つようにしたら、圧倒的に「無駄な買い物」が減りました。読者の方からも、セールとの付き合い方のご質問が多かったので、ここにご紹介させていただきました。

店員さんとの理想的な付き合い方

もちろん、何度も通い顔を見知った店員さんがいるショップはいいのですが、なかなか難しいのが、スタッフの方との付き合い方。特に、購入を迷っているときの試着の後の「間《ま》の取り方」や、会話の仕方。

試着室のドアを閉め、はいてみたパンツ。前から見るといいような気もするけれど、サイドのシルエットがちょっぴり「？」。自分の靴ではなく、例えば、もう少しヒールの高いパンプスと合わせてみたい。そう伝え、お店のパンプスを履いてもう一度自分の姿を確認したけれど、やっぱり何かが違う。お直し、とかの問題でもないし、はっきりと理由は言えないけれど、何かが違うのだ。

そんなときの断り方って本当に難しい。サイズだって、合っていないわけではなく、「そこそこ」似合っているわけだから、店員さんは、もしかして言葉を尽くして褒《ほ》めるかもしれない。「パンプスも借りてしまったし、断りづらいな」と思うのも当然です。

だからこそ、違うな、と思ったら、その瞬間に言ってしまうこと。間があけばあくほど、それは困難になるので、「即」、そして「はっきりと」キャンセルすることが大切です。

「とても素敵だけれど結構です」

「また来ますね」と付け加えると、たいていの方は、「わかりました」とにっこりしてくださいます。

そして、このコミュニケーションのあり方で、「またこのショップに来よう」「このスタッフの方に、次も対応してもらいたい」と、思うか思わないかが決まります。揃えている服や小物はもちろんですが、店の格は、扱う商品が高い、安いではなく――こんな小さなことでわかるものなのです。

買い物はイメージ作りから始まる

毎シーズン、クローゼットをそっくり入れ替えられる人はいないだろうし、そもそもそれって実はあまり楽しくない。

3～4年、結局気がつくと夏のはじめはいつもこれを着ているな……とか、あのジャケットがあれば、このパンツも、このシャツも全く違うイメージで着こなせるのに……とか。ワードローブとは、今までの自分の積み重ねであり、さらに「これからどうなりたいか」を表現する、今と未来のおしゃれの宝箱。何とかという有名な洋食屋さんのデミグラスソースではないけれど、いろいろな時期の「私」がぎゅっと凝縮されているからこそワクワクするのだ。

理想に近いワードローブが手に入れば、毎日のおしゃれはもっと楽しくなるし、何より、無駄もなくなれば、時間の短縮にもなる。

では、そんなワードローブはどうやったら手に入るだろうか？ たとえがあったほうがわかりやすいので、ここでは実際の私を例に、シミュレーションしてみましょう。具体的に、春夏のワードローブで。

①着こなしのイメージを想定する

女優でもいいし、モデルでもいい。ある特定の人を思い浮かべることが大切。私の場合は、キャサリン・ヘップバーン。美しい横顔をもつ、名女優。普段の彼女は、パーティやきらびやかなディナーより、小さな畑を耕すことに喜びを見出す、ナチュラルで飾り気のない人。洗いざらしのシャツや、チノ素材のパンツを好み、ボーイッシュなアイテムを清潔に色っぽく着ていた人。彼女をイメージします。

②①を土台に、メインの色を決める

彼女を想定すると、色は、乾いたベージュや白、そしてあせたダンガリー。色のメリハリをつけるよりも、なだらかな色の連なりを、センスよく着るイメージ。この時点で、黒や鮮やかな色を着こなしのメインにすることは、選択肢から消えます。

③今まで活用していたアイテム──残すものを決定

ワードローブはあくまで積み重ねなので、昨シーズンまでのアイテムで、そのイメージに合うものを選別しておく。私の場合、ざっくりしたベージュのリネンのニットや、白いシャツ。もちろん、使い込んだような風合いが魅力のボーイフレンドデニムも。小物では、何連にもなったレザーのブレスレットに、生成りのコンバースのスニーカー。大好きなカゴバッグも残します。

④必要なものを、最適な順番で手に入れる

仮に、そのシーズンのワードローブを買い揃えるとしたら、買わなくても、手持ちのアイテムから、①〜③のようにイメージをして残すものをピックアップ。そうしたうえで買い足せれば、効率のいいシーズンワードローブができ上がります。

買い物は順番が一番大切

イメージができ、残すアイテムが決まったら次はいよいよ買い物。無駄なく、失敗を最小限にするには、買い物をする順番が大切になってきます。

①真っ先に手に入れるのはバッグ

その人のおしゃれを引っ張るのはバッグ。ブランドの新作、ということより、大きさやデザイン、金具の色、もちろんバッグ本体の色まで吟味に吟味を重ねることが大切。

キャサリン・ヘップバーンのような、リラックスしているのに、リッチで、どこかボーイッシュな魅力もあるスタイリングには、ボストンバッグ。

地味な人にならないように、ちょっぴりヴィンテージのような風情《ふぜい》が、金具や色にあればパーフェクト。あせたようなブラウンのスウェード、A4のファイルが入るけれど、全体のフォルムはなだらかなラインのボストンに決定。

②バッグのデザインに左右される、アウター

バッグのサイズや、持ち手の長さに左右されるのがアウター。肩に掛けるのか、常に肘《ひじ》に掛けて持つのか——バッグによって、選ぶべきコートやジャケットは替わってくる。

バッグのノスタルジックな魅力とも相性がよく、ボーイッシュな服とも合うのがトレンチコート。本来男性のアイテムだからこそ、女性が着たとき、格別の艶《つや》っぽさが漂う。肩章《けんしょう》やチンウォーマー（衿元《えりもと》のカバー）などがある本格的な仕様で、丈はマキシ……と言いたいところだけれど、身長162cmの私には難しいので、膝下の、それでも長めの丈。

これなら、キャサリンが好んだたっぷりしたシルエットのパンツとも合わせやすい。

③アウターを支える靴

アウターのボリューム感や丈と、最もリンクするのが靴。少し長めのコートには、やはり11cmのハイヒール。13cmでは「非日常」だし、5cmではコートを支えきれない。すでに持っているコンバースのスニーカーとは全く違うベクトルでコーディネートできる、ということも重要。

服はベージュやダンガリーといった、素朴な色が多いから、黒はまずNG。ベージュかブラウンか迷うところ。ただし、ボストンのブラウンと微妙に合わないブラウンを選ぶなら、肌の延長色のベージュにするべき。

④着こなしの土台、ボトムス

靴が決まったら、次はボトムス。靴のヒールの高さやフォルムを思い浮かべて、ベストのシルエットや丈、素材、色を考える。さらに、昨シーズンからの活用が決定しているボーイフレンドデニムとは、全く違うアプローチでスタイリングできるボトムス。

例えば、ベージュでリネンのタイトスカート。しかも、パンプスと同じ色みのもの。白シャツや、ベージュのニットといった手持ちのアイテムとコーディネートでき、もちろんトレンチにも。そして、ハイヒールもコンバースも合わせられる。靴やバッグとの相性を考えて、ふんわりしたスカートやスポーティすぎるハーフパンツは選択肢から自然とはずれる。

⑤すべてのアイテムを「仲良しにさせてくれる」インナー

手持ちのものと新調したアイテム。アウターとボトムス。それぞれを「つなぐ」のがインナーの役割。これを先に買ってしまうと、ややもするとディテールに特徴のあるものや、インパクトの強い色やデザインをつい選んでしまうことに。結局アウターに合わせられなくて、いつも単品で着ていたり、もしくは本来の「橋渡し」の役割を果たせず、すべての服や小物がうまくまわらなかったりする。

今、ここで選ぶべきは、肌が透けるくらいハイゲージのカシミアのニット。ベージュを含んだ奥行きのあるグレーで、しかもカーディガン。肌の存在を感じさせるほど繊細《せんさい》なニットは、一枚でカットソーのように着てもさまになるし、もちろんカーディガンだからシャツやTシャツに重ねてもいい。しかもそのくらい薄手なら、リネンの素材感ともぴたりとはまる。ウールは厚すぎて、季節感が合わないので、最初からリストからははずして。

⑥イメージを明確にする小物

ここまで決まったら、そろそろ仕上げ。コーディネートの方向性を決定的にする、ストールやサングラスなどの小物。ストールなら、ニットと同じような、軽やかなカシミアのニット。グレーか、グレー寄りのベージュ。ストールは、基本トップスやアウターに「なじむもの」。きかせ色は、結局使いづらいのだ。

サングラスは、ティアドロップでもいいし、眉と瞳が隠れるほどのビッグサングラスでもいい。美しい曖昧色《あいまいしょく》でできた全身に似合うように、黒ではなく、ブラウン系のレンズ。「映画の中の刑事」にならないよう、瞳が少し透ける、レンズがグラデーションのタイプを選びたい。いずれにしても、どこかハンサムなイメージで、ウェットな女っぽさとは無縁のものがいい。

⑦仕上げの時計&ジュエリー

「男前な」「自立した」「気っ風《きっぷ》がいい」こんな形容詞で語られるキャサリン・ヘップバーンだからこそ、フェイスの大きめのメンズライクな時計が似合うイメージ。ただし、ナチュラルな素材に似合うよう、ステンレススチールではなく、レザーのベルトを選びたい。

対して、ジュエリーには女っぽさを込めて、一粒のバロックパールのピアスと、キャンディーのようなカラーストーンがセッティングされたリング。トレンチコートとリネンのスカートにも、シャツとカーディガンとデニムを合わせるときにも、きれいに調和してくれる。

こんなふうにワードローブを正しい順番で組み立てていくと、すべてのアイテムがフル活用できるラインナップになる。そう、ワードローブは「点」ではなく、「立体」で考えていくべき。新しいバッグや靴、コートやシャツを買うときは、この「一つ」が、これからの私のおしゃれを長く支えていくものになるのかもしれない――そんな思いでいたい。

流行の取り入れ方――〝2〟の法則

色や素材、デザインも含め、最近は突出した流行って生まれない。ココ・シャネルが発表して一世を風靡《ふうび》したジャージー素材のドレスも、イヴ・サンローランの名前を世に知らしめた、サファリテイストも――今では、もう定番。昨今の経済状況を見たって、今年使って、来年は「もう古い」ものよりも、愛着をもって長い間着こなせる、ベーシックでシンプルな服や小物が、ワードローブの中心になるのはよくわかる。

けれど、それでは少しつまらないのも確か。ランウェイを歩くモデルが着る、そのシーズンのキーカラー。自分のクローゼットには見ない色だけれど、例えばスカーフで取り入れたら？　もしくは新しいフォルムのジャケットだって、見慣れたパンツやスカートを、全く違うイメージで着こなせるかもしれない。

ではコーディネートの中の、流行が占める割合——適切なのは何割くらい？　私が実践しているのは、全身の中で2割。色で、デザインで、時には素材で、もちろん注目のブランドで取り入れたっていい。ただし、ほんの少し、スパイスとしてきくように、2割を目指している。

その際気をつけているのが、ボトムスの扱い方。ボトムスは、着こなしの土台。トップスで流行を取り入れるより、ずっと難しい。しかも体型によって大きく左右されるアイテムだから、失敗するとスタイリングに与えるダメージはかなり大きいはず。

例えをあげるなら、3年ほど前にコレクションに登場して、新鮮な衝撃をもって見たことを覚えている、サルエルパンツ。全体的に生地をたっぷりと使い、股の部分が膝のほうまで下がり、膝から足首にかけて、きゅっと細く絞《しぼ》られているデザイン。本来イスラム文化圏の民族衣装のこのパンツは、従来のパンツのシルエットと大きく違うため、やっぱり登場した年には使いづらい。けれど、1年、2年経つと、案の定「そのまま」のデザインは、あっという間にOUT OFモードとなり、今度は「ニュアンス」だけを残したパンツが残ることになる。例えばウエスト下に、いくつものタックを入れ、太ももの部分に余裕があるのだけれど、膝下はスリムなラインのパンツ。ひと昔前の美脚のパンツとも、スリムなクロップトパンツとも全く違う印象。ブーツに裾《すそ》をインして着たり、ボリュームのあるサンダルとも相性がいい。

何より、素材や色を替えずとも、タックを入れただけで、こんなに新しい気持ちでスタイリングできるなんて！　今までのおしゃれの常識では見たことがなかった——強さのある流行は、2年という時間を経て、その「味」だけ、徐々にリアルなファッションにしみ込んでいたのだ。こうして、グレーのフラノのタックパンツと、シルク素材のキャメルのタックパンツは、ある日私のクローゼットに掛かり、そして今でもそこにある。

2割と2年。流行を考えるとき、「2」という数字は、いつも正しい——私はそう思うのです。

ベースはボトムス。ボトムス3着を基本に

先のページでも書いたように、スタイリングの要はなんといってもボトムス。体型にぴったりと合い、どんなトップスも支えてくれるボトムス——3着あれば、さまざまなコーディネートが楽しめるし、何より自信が生まれる。

流行だから、とか、パンツばかりだからスカートも……そんなふうにして揃えたボトムスは、結局使えず、たまにはいたとしても、何だかシルエットや素材に違和感を覚えることが多い。だからこそ、「100%の自信をもてるボトムス、それも3着」なのだ。

パンツ派の私は、そのすべてがパンツ。スカートではなく、ワンピースは別に揃えているので、女性らしく装いたいときは、ワンピースで事足りる。

オールシーズン、ワードローブにあるのが、ウォッシュのきいたストレートのデニム。ロールアップもブーツインもできる、使いやすいデザイン。そして

九分丈のややスリムラインの、グレーのパンツ。フラノもよいけれど、サマーウールなら、本当にどんな季節も使える。九分丈にしたのは、バレエシューズも11㎝ヒールのパンプスも、もしくは膝までの乗馬ブーツだって——靴を選ばないから。

そしてもう一本は、大好きなキャメルの、それもシルクのタックパンツ。ゆるっとしたリラックスしたシルエットながら、光沢のあるキャメルだから、オンにもオフにも着られる。

そう、グレーの一本のような「定番」と、ジーンズのような「はずし」、そしてタックパンツのような「ニューカマー」。この3つの存在があれば、スタイリングも、着こなしのイメージも自由自在。

これはあくまで私の例なので、一度、ご自分の「定番」「はずし」「ニューカマー」を、きちんと考えてみることをおすすめします。このラインナップさえできてしまえば、あとは徐々にその他のボトムスを加えていけばいいのだから。

「手放す」ことを恐れない

私のクローゼットは、実はとても小さい。ウォークインクローゼットなどではもちろんなく、両手をめいっぱい広げたくらいの間口だろうか？　スタイリストという仕事をしているうえ、無類《むるい》の服好き——もちろん、こんなスペースに入るだけの服では、とうていすべてのシーズンを網羅《もうら》することはできない。けれど、そのシーズン、そして次のシーズンへの橋渡しをしてくれる服たちは、すべて、そこに収納するようにしています。

ボトムスの基本、パンツは3シーズン同じ。ロングスカートやワンピースの出番も多くなる夏は、さすがにその数は減るけれど、グレーのパンツが数本と、キャメルのパンツが1本。そして季節によっては、スカートが数枚。本当にそれくらい。その次にシャツやニットのインナーがあって、その横にアウター、そして最後、最も取りづらいところに、コーディネートいらずで、登場回数も少ない、ワンピースが掛かっている。

別の収納場所はあるけれど、寝室のクローゼットにキープするリアルなワードローブは、小さいからこそ、常に厳しい目でチェックをしているのです。

だから衣替えは、3ヵ月に一度。そして、その際、昨年の同じ時期にも出番がなく、今シーズンも一度も袖を通さなかったものは処分をしてしまう。もちろん、必ず、なぜその愛すべき服たちを活躍させてあげられなかったかを考えるようにしています。その理由として考えられるのは次の3つ。

①サイズが合わない

サイズが合わない。これは、はじめから合っていないものも、以前は合っていたのに、もう合わなくなってしまったものも含みます。いつか痩せたら着るかも……という思いは捨てること。もちろん、例えばデニムのように、「これをはけなくなったら、少しエクササイズしよう」という、体型維持の基準のような服は必要だけれど、「もし痩せたら」着たい服は、「痩せてから」考えるべきなのです。

サイズが合わない服は着心地が悪いだけではなく、バランスも悪く見える、そしてそのことが、どんどん自分から自信を奪ってしまう……ということを覚えておきたい。

②ほかの服と合わせづらい

それは、素材なのか、色なのか、シルエットなのか。もしくはトゥーマッチなディテールなのか。どれか一つでもしっくりこないものは、この先も着る可能性はとことん低い。「今使えない」この一着のために、さらに服を買い足すのも本末転倒なので、なぜか——をよくよく考えて、クローゼットからは取り出してしまいます。

③古い型

私は永遠に着られる服はないと思っています。どんなに高価な服も、何年か経てば、やはり「時代遅れ」になる。ジャケットの肩パッドの厚さだったり、パンツのウエスト位置だったり。そしてそれは、ベーシックなアイテムの、たとえ小さな部分であったとしても、一着の印象に大きく影響し、そして「今の服」とは間違いなくコーディネートしづらいものになる。

その時代遅れがいつ来るかは、アイテムによって違うから、私は服を買うときに、「○年着られる」と予測を立て、その○年に見合うだけのプライスか、を吟味するようにしています。

例えば、今年私のワードローブに初めて加わった、ビッグサイズのテーラードジャケット。オーバーサイズで着る新しいバランスに、もちろん挑戦したくて購入したのだけれど、きっと2年後にはこのシルエットは旬のものではなくなっている——そう予想したから、結局支払ったのは、ニット1枚くらいの値段でした。決して、「このくらい払ったのだから、古く見えようと、とにかく着続けなければ」という強迫観念からフリーになるためには、その値段が適当だと思ったのです。

　こうして残念ながら、狭いクローゼットに残れなかった服たちは、まわりの人で欲しい方がいれば差し上げる、チャリティを兼ねたフリーマーケットで次の主を探す、もしくは代行のオークション会社に頼んで、売ってしまう。こんなふうにして、整理しています。クローゼットの風通しを良くしておけば、「次に買い足す、正しいアイテムがわかり」「今ある服も、ベストなコンディションでキープできる」のです。

私のおしゃれの定番——一生愛せるもの——

　流行のことにも触れましたし、永遠に着られるものはない——とも書きました。

　ただし、いくつかの例外があります。それがどうしてか、という明快な理由はありません。30代も後半になり、自分のスタイルがほぼ明確になった今、現在も、そしてこれからも、きっと私のおしゃれを支えてくれる――そんな確信をもてる服や小物。「そのもの」の歴史やデザイン、ましてや値段によるものではなく、確かにそう思えるものが、その人の「定番」と言えるのかもしれません。もしくは、おしゃれのアイデンティティと言ってもいいかもしれない。もしかしたら、途中、コーディネートに「登場しない」ブランクこそあるかもしれないけれど、これだけは、ずっと取っておこう……そう思えるもの。

この「定番」は、減ることはなく、一生おしゃれをし続ける限り、少しずつ私のまわりに増えていく。もしかしたら、最終的には、長い年月をかけて、積み重ねられた「定番」だけで、日々のおしゃれができる日が来るかもしれない。それって、とても楽しく贅沢《ぜいたく》なこと――そんなときがくるのを楽しみにしながら、今日の朝も「定番」を手に取るのです。

一生愛せるもの

ジョンスメドレーのカーディガン

ニュージーランドメリノウールのファインゲージ、ごくごく普通のクルーネックのカーディガン。程よく存在を主張する小さな貝ボタンがついていて、着丈もウエスト下くらい。表情豊かな杢《もく》グレーの、そのニットは、ある日偶然、丸の内のセレクトショップで出会いました。その後クローゼットの最も取り出しやすいところに収まり、もう3年が経ちます。

ブランドは、ジョンスメドレー。ジョンスメドレーとは、イギリスのニットのブランド。産業革命が起こる以前に設立され、225年以上の歴史をもち、頑《かたく》なまでに自社生産にこだわり……。そういった文字での情報は知っていましたが、実はそれまで手に取ることもなく、正直、あまり心惹《ひ》かれたこともなかったブランドでした。

夏の終わり、もうそこまで秋が来ていた8月末。もちろんまだものすごく暑くて、ビジネス街の丸の内でも、ほとんどジャケットを着ている人は見かけなかったある日。撮影と撮影の合間に、ショップクルーズをしながら、そのころよく着ていたシンプルなTシャツに羽織るカーディガンが欲しいな、と心の片隅で考えていました。カーディガンは一歩間違えると老けて見えたり、地味になってしまったり――ちょっぴり危険なアイテムなので、「何か気に入ったものがあれば」と、それほど期待していなかったのを覚えています。

運命の、グレーのカーディガンは、小さくたたまれて、似たような、そのショップのオリジナルと並べられていました。まず、小さな衿ぐりと、美しいグレーに惹かれて手に取り、実際にその日着ていたTシャツに重ねてみると……。少しクラシックだけれど、コンパクトなサイズ感で、着るのも羽織るのも、肩から掛けるのも腰に巻くのにも、パーフェクトな着丈。そして、最近よく見かける七分袖でない（七分袖だと、ストールのように首に巻いたりできない……）ことも気に入って、即決しました。

半分くらいの値段の、隣のオリジナルの一着も試着してみましたが、ウール独特の、暖かみのある風合いがなく、ボタンもフェミニンで小さめ、そして細身のシルエットながら、丈が少し長く、思い描いたカーディガンとは違うものでした……。

それ以来、真夏以外、クローゼットには変わらずあり、1週間に一度は登場する一枚となりました。そして着るごとに、「愛」は増し、次はシーアイランドコットンの黒も夏用に買おうかな、と考えています。

ここで、このカーディガンを使った具体的なコーディネートをご紹介しましょう。春は、コットンの白やサックスブルーのシャツをインに着て、ボタンを2つ目まであけます。秋は、カットソーのように、コットンをきかせ、ワンウォッシュのデニムと合わせます。衿元や袖口にコットンをきかせ、素肌に直接。実は最もお気に入りの、こんな着方ができるのも、このカーディガンならでは。上3つのボタンをあけ、そして一番下、そう、裾のボタンも1つあけ、シルエットにゆとりを

ボタンは上3つをあけ、パールのネックレスをつけるコーディネートはお気に入り。

もたせて、リラックスした着方に。胸元に粒が大きめの、バロックパールのネックレスをつけても、程よく肉厚なウール素材だから、バランスよくまとまります。そして冬、首の詰まったタイトなTシャツに、1つ目のボタンをあけたカーディガンを重ね、その上からレザーのジャケットを。

こうして実際のコーディネートを言葉で書いてみて気づきましたが、実はこのカーディガンってシーズンレス。春夏、秋冬、どちらのワードローブにも合うのは、ベージュを含んだ、淡くもなく、濃くもないミドルグレーだから、どんなベーシックカラーとも相性がいい。そして、春、夏、秋、冬、さらにそれぞれの季節の狭間《はざま》にもぴたりとはまってくれる。こうして実際の着こなしを思い浮かべて、今また、偶然出会ったカーディガンへの愛情と思い入れが深まったのでした。

一生愛せるもの

ミカコナカムラのカシミアコート

服の存在意義には2通りあると思います。「今の私」にまるで親友のように寄り添い、気分を上げてくれるものと、今より5年後、もしかしたら10年後のほうが似合っているかもしれない――と淡い期待を抱きながら挑戦するものと。

３人目となる次女を出産したお祝いにと、２０１０年に自分で自分に贈った、ミカコナカムラのコートは後者。むろんファストファッションの対極に位置し、不特定多数の大勢のために作られた服ではなく、はっきりと、「着る人」をイメージして作られるそのブランドの服は、シンプルで変わらないけれど、静かな自信と背筋のぴんと伸びるような緊張感をもたらしてくれる。きっとこれが最後になるであろう、出産という大きな仕事を終え、まだベイビーの彼女が、これから5年、10年と大きくなっていく「歴史」と、そのコートが自分に少しずつなじんでいくさまが重なればいいな、と思い、購入を決断したのでした。

小さな肩と、程よく詰まった衿ぐり。裾に向かって少し広がるシルエット、カジュアルなフードが付いていて、ちょっぴり長めの丈。そしてため息が出るほど美しいミルクティ色のカシミアの本体には、同系色の、明るいブラウンのミンクのトリミングが施《ほどこ》された、もちろん値段もそれなりにするコート。

まだ暑さが残る10月。日本人離れした美しい骨格をもつマダム、デザイナーの中村さんの私室のようなサロンに通され、その中村さんとプロフェッショナルなマヌカンによって、袖丈や着丈を細かく採寸してもらい、やっと「私の一着」が決定しました。そう、初めて体験するセミオーダーで手に入れた一着なのでした。

2ヵ月以上待ったでしょうか？　サンプルでしか見たことのなかったコートは、「私のためのコート」となり、たっぷりとした贅沢なシルエットながら、心地よく自分にフィットし、鏡で見てみると、明らかに特別なオーラを放っているのでした。そして同時に、きっと、このコートは20代では決して着こなせず、40歳を目前にした私にも、おそらくパーフェクトに似合うわけではないことにも気づいたのです。ただし、そんな服を持てた偶然に感謝し、そしてこの時期だからこそ手に入れるべきだったのだと確信しました。

改めて思ったのです。服は「私」を認め、「私」を美しく見せるものでなくてはならず、服に無理に自分を合わせるものではありません。ただし、もちろん今着ても素敵だけれど、この先、もっともっと「私」に似合うようになる——と、おしゃれを立ち止まらせないでがんばろう、と思える一着も、時に必要だということに。

何を着てもしっくりこない……迷い、悩んだ20代、疑問が1つずつ解決し、似合うものがはっきりとわかってきた30代、もしかしたらおしゃれが停滞してしまうかもしれない40代を目前に、馬の鼻先にぶらさげた人参ではないですが、自分を鼓舞《こぶ》し、進み続けたその後にある、もっともっと進化したおしゃれのための原動力が、ミカコナカムラのカシミアコートなのです。

この原稿を書いている、冬本番の1月、このコートは半月に一度くらい、「気合」を入れてコーディネートしています。ネイビーのピーコートや、グレーのカシミアのニット、5年はいているフラノのパンツのように、自分の自信を確かにし、もう目をつぶってもスタイリングできるアイテムではないので、えいやっと力を入れて、試行錯誤しないと、着こなせません。ただし決してあきらめず、ワンパターンに陥らず、いつも真剣にコーディネートし続けようと思います。

もしかしたら、シルバーヘアのおばあちゃんになったときには、近くの買い物にも、薄手のニットにこのコートを軽やかに羽織って出かけられるようになるかも――そのときが、いつか来るのを楽しみにしながら……。

進化したおしゃれの原
動力となる、コート。

一生愛せるもの

ジョゼフのパンツ「ロッカー」

日本人のファッションの悩みの多くが、「ボトムス選び」にある、という。それはもちろん私にも当てはまることです。今回の本でもかなりのページで触れているように、端《はな》からスカートを、メインのボトムスにすることはあきらめています。パンツの着こなしが好きなので、それは決してネガティブな「あきらめ」ではないのですが……。

パンツのチョイスもとっても難しい！　華奢《きゃしゃ》でフラットな上半身、ヒップは厚みがあり、太ももは張っている。ウエストに合わせるとヒップや太ももはきつく、逆にヒップに合わせるとウエストはもたつく……というように、なかなか「これ！」というパンツに長いこと巡り会えないでいました。

偶然、場所も忘れてしまった小さなセレクトショップで手に取った、フランスメイドのパンツがぴったりだったとしても、それを素材や色を替えて買い足すことは不可能で、着こなしの土台がきちんと定まらない不安をいつも抱えていました。

そんなとき、雑誌のタイアップの仕事で、ジョゼフというブランドを知ったのです。ロンドンの、自由で闊達《かったつ》、どこかクールな空気感をもつブランド。扱うアイテムも、例えばテーラードのジャケットや、冬ならロング丈のムートンのコートなど。どこか、きりっとした格好よさがあるものばかり。

そしてこのブランドを、日本のファッションのメインストリームに乗せたのは、さまざまなデザインのパンツたち。素材が上質で、シルエットが美しく、どこから見られても女性らしい立体感を約束する、シンプルなパンツ。スタイリングで最も大切なものなのに、どこにもない、そんなパンツは、またたく間に認知されていったのです。

中でも私が２００３年のデビュー以来愛用しているのが、「ロッカー」というモデル。ジョゼフのパンツは、そのシルエットをほとんど変えることなく毎シーズン、素材や色だけリニューアルして発表されるので、ライン名がつけられているのです。

「ロッカー」は、裾に向かって自然なフレアを描くライン、そして膝の位置を高く設定しているため、膝下が長く見えるのが特徴。ヒップ部分が立体裁断され、きちんとヒップに「引っかかって」くれるから、パンツの命である後ろ姿を、驚くほどきれいに見せてくれます。

このパンツに出会ってから、「私のファッション」のベースが揺るぎないものになり、おしゃれはぐっと自分らしさを増しました。そして、いつ、どんな場面で着ていても気後れしない自信を連れてきてくれたのです。

そしてそれ以来、グレーのフラノの1本目から、夏のリネン素材、そしてウールのストライプ……と「ロッカー」のコレクションは増えていきます。トークショウや、雑誌の取材で自分自身の写真を撮っていただくときは、このパンツに頼ることがほとんど。不自然なラインや、動きを制限するストレスフルなサイズ感といったものからは解放され、実に自然に堂々としていられるから。

そこそこ似合うボトムスを何着も持っているより、「これなら間違いない」と思えるボトムスが一着あるほうが絶対におしゃれは進む——。「ロッカー」をはくたびに、そう思うのでした。

「これなら間違いない」と思えるのが、このボトムス。

一生愛せるもの

ルイ・ヴィトンのモノグラム「スピーディ」

そのバッグに恋い焦がれ、欲しくてたまらなかったのは、実は高校生のとき。アメリカンカジュアル＝アメカジ全盛、ラルフローレンのボタンダウンのシャツとチノパンツ、ティンバーランドのデッキシューズで学校に通っていたころでした。おしゃれな数人が、モノグラム柄の「スピーディ」を持っていて、ブランドのことはよくわからないながらも、母親にねだったのを覚えています。

「高校生には贅沢すぎる」という当然の理由で、私の手元にやってくることのなかったそのバッグは、実はその後20年くらい、「欲しいものリスト」には入りませんでした。そして再び恋に落ち、ついに手に入れたのは、最近のこと。30代後半だったのです。

時として押し出しが強い、ブランドマークが入ったバッグには全く興味がなかったのですが、あるとき気づきました。

自分のスタイリングの参考にしようと、「お気に入りのコーディネート」を、雑誌から切り抜いていたときのこと。それまでに選んだ、ほとんどの写真の女性がモノグラム「スピーディ」を持っていたのでした。ほぼ全員がミラノでスナップされた、彼女たちのスタイリングと、そのバッグはぴたりと合い、だからこそ、バッグのブランドがルイ・ヴィトンで、しかも「スピーディ」だということになかなか気づかなかったのでした。これって、実は理想的。「○○のバッグ」を持っている○○さん、ではなく、その人の着こなしにナチュラルに溶け込み、けれど、確かにリッチ感はアップしている。そんなバッグの持ち方。

モノグラム。ビターチョコレートのような、赤みのない理想的なブラウンをベースに、ゴールドがかったベージュで描かれた、ロゴやアイコン。素朴ながら洗練されたヌメ革のハンドルや、ファスナーを開閉するときのためのベロ。使い込むごとに、それはそれは美しい飴色に変わっていくのですが――。そのすべてが、シンプル、けれど完成され、程よくカジュアルで、まさに、自分が目指すスタイリングそのものなのでした。日焼けした肌にきれいになじみ、ハンサムなルックスで、シャツやトレンチコートといった、トラッドアイテムとの相性も抜群。そうだ、その昔、このバッグが好きだった理由もそうだった！

20年越しの恋を実らせ、やっと手にしたときには、すでに、こんなコーディネートに合わせたい――とイメージは完璧だったのでした。

そして実際に合わせてみると、その完成度の高さは、「永遠」を感じるほどだったのです。

1800年代、トランクを作るメーカーとして誕生したルイ・ヴィトン。有名なモノグラム柄が誕生したのは、1896年といわれています。旅行用のバッグからスタートしたブランドだけに、とにかく軽く、そして丈夫。使えば使うほど、その外見は魅力を増し、価値を高めていくバッグ。

それを知っていたからか、そうでないかはわかりませんが、自分が実際に持つときも、雑誌の特集でスタイリングするときも、ウォッシュのきいた、ラフな白シャツに、日焼けした肌、カーゴパンツやリネンのハーフパンツに、素足にドライビングシューズ――こんな感じ。本来、旅用の――ということは男性が持つことが多かった堅牢《けんろう》なバッグは、ボーイッシュで、甘さを徹底的に排除したスタイリングにこそよく似合います。自分ではバッグを持つことがなかったレディたちが、社会進出を果たし、自身の足で立ち始めたときにやっと、このバッグは、きっと「女性のもの」になったのでしょう。1800年代からこの世にあるからこそ、そんな時代の空気感も、まだそこはかとなく残っているような気がします。

毎シーズン、膨大な数のコレクションが発表される中、それこそ、何十年という単位で「残っていく」ものは、本当にわずか。そしてその中に、確実に、このモノグラム「スピーディ」はあり、私のバッグコレクションにも、半永久的に存在し続ける、と確信するのです。

20年越しの恋を実らせ、やっと手にしたモノグラム「スピーディ」。

一生愛せるもの

ＩＷＣの「ポルトギーゼ」

時計って、自分を端的に表すもの。おしゃれとの付き合い方や、どんな女性に見られたいのか、そしてこれからの目標までを、雄弁に語ってしまう。そのことに気づいてから、私は長い間、時計を買うことはできませんでした。

他の人がしているカルティエの「タンク」や、ロレックスの「オイスター」を見て素敵だな、とは思っても、自分が描く女性像とはどこかが違う。雑誌の撮影のためにリースに行った先で見せていただいたり、もちろん、ショウウィンドウから眺めてみたりもしました。それでも出会えない。

それはそうです。私はどんなファッションが好きなんだろう、そしてこれからの自分の仕事のゴールは？　なんとなく漠然と考えてはいたものの、その答えにはもやがかかり、決して自信をもって「これ！」と言えるものがなかったから。

時計は高価なものです。そして、全身に占める面積は、とても小さなものだけれど、スタイリングには強く確かにきいてくる。だから、自分が確立し、そして運命の出会いを果たすまで、待ってみようと思ったのでした。

そのときは、そう決意した日から6年経って、やってきました。ある雑誌の撮影のスタイリングで、どうしてもフェイスの大きな、そしてメンズライクな時計が欲しいな、と思っていました。正直、時計のブランドにあまり詳しくない私は、メンズ雑誌の時計特集を見て、ＩＷＣというブランドに出会ったのです。

１８６８年にスイスで生まれた、企画から生産まで一貫して行うマニュファクチュール。中でも「ポルトギーゼ」というモデルは、ブランドの顔であり、その歴史は１９３９年にまでさかのぼることも知りました。詳しい歴史をここで語るのはやめますが、ポルトガルの商人に依頼されたのが最初、というその時計は、勇敢なフォルム、優美な文字盤、エレガントな厚み——すべてが、理想的だったのです。

女性の腕には少し大きめのサイズも、ほかの時計には見なかった要素でした。そして、パンツ派で、レザーのジャケットが好き。デニムやリネンといった素材も好き。「可愛い」より、「格好いい」という褒め言葉のほうがうれしく、自立していて、でもどこかに女性らしさがある——という私が目指す、女性像とぴたりと一致したのでした。

そして、「女性のファッションに合わせたい」と説明をし、快くお貸し出しくださった、その「ポルトギーゼ」を初めて手にしたときの気持ちは、今でも忘れられません。

その後何度も私の担当するページのコーディネートに登場し、さらに1年ほどが経った昨年、ようやく購入しました。その時期は、仕事のスタイリングにおいても、もちろん普段のファッションも、ぶれない芯ができて、やっと自信をもって「これが私のファッションです」と言えるときとぴたりと重なっていたのでした。

　今は、手持ちのバロックパールのピアスと合わせて、デニムスタイルにきかせたり、ミニマムなワンピースに、ノーアクセサリーで、真っ赤なネイルと「ポルトギーゼ」だけをアクセントにしたり。この時計に合わせたくて、白いシャツを久しぶりに買ってみたり。従来のおしゃれとも相性がよく、しかも、新しいコーディネートのヒントも連れてきてくれたのでした。

　こんなふうに、欲しい「一つ」を長い間かけてゆっくり探し、そして、ふさわしい自分になりたい――と、手に入れるまで、待つことを楽しむ。そんなおしゃれを、もっともっとしたい、そのハンサムな時計が自分の腕に収まっているのを見るたび、そう思うのです。

欲しいものを長い間かけてゆっくり探す。そんなおしゃれの楽しみ方もあるのです。

ノーストレスなMYワードローブリスト

最近やっと完成した、無駄のない、ストレスの少ないワードローブ。ご参考までに、2011年冬から春にかけてのバージョンを、厳選して公表します！　それぞれの日常のシーンや、もちろん好みによって、内容はさまざま。ぜひ、こんなリストを作成してみてください。きっと、何が不要かも、何を買い足すべきかも、見えてくるはずです。

※アイテムのリスト内では番号が若いほど「きちんと度」が増します。

トップス4枚

□❶コットンブラウス　白（ジバンシィカプセルコレクション）

ディナーやトークショウなど、人目を意識する場面に

□❷カシミアタートルネック　黒（ドゥロワー）
仕事もカジュアルも網羅。華やかな場面以外は、この一枚でほとんどカバーできる

□❸クルーネックカシミアニット　トップグレー（マイー）
黒のタートルと立ち位置は同じ。ただし、ボーイッシュに仕上げたいときに

□❹トップグレーのパーカ
（ノーブランド）
「超」カジュアルから、仕事の中でもそれほどオフィシャルではない場面まで

ボトムス4本

□❶グレーのフラノパンツ　セミワイド（ラ・フォンタナ・マジョーレ）

仕事とディナー、両方「いける」、着こなしの土台

□❷キャメルのシルクスカート　コクーン形（ウィムガゼット）

少し気分を変えたいとき、仕事のときにもOK

□❸カーキのカーゴスリムパンツ（ヤヌーク）

普段も仕事もカバーする、使用頻度ナンバーワンのボトムス

□❹ダメージ加工のボーイフレンドデニム（レッドカード）

普段に大活躍するボトムス。エレガントなトップスや正統派の小物を着くずすときも有効

❶
❹
❸
❷

アウター3着

□❶トレンチコート（ドゥロワー）
とにかくどんな場面にも対応できる
□❷レザーライダース　黒
（ラ・フォンタナ・マジョーレ）
カジュアルから仕事まで
□❸グレーのウール素材の
ダウンベスト（デュベチカ）
マットなウールだから、「超」カジュアルから仕事まで応用できる

ワンピース２着

□❶ヴィンテージプリントのカシュクールワンピース
（ダイアン フォン ファステンバーグ）
レセプションやディナーなど

□❷カシミアワンピース　トップグレー
（ウィムガゼット）
よほどフォーマルな場所以外、きちんとなじんでくれる

それぞれの項目を見ていただくとおわかりのように、すべてのアイテムが1週間に二度、三度と登場するものではありません。1ヵ月に1回のジバンシィのブラウスもあれば、1週間に4回手を伸ばしてしまうマイーのニットやヤヌークのカーゴパンツもある。このメリハリが大切です。自分の生活に存在するオケージョンを細かく分け、最も分量が多いシーンにフィットするアイテムを先に決めること。

私の場合、スタイリストとしての仕事と子供の送迎など。カジュアルで実用性が求められ、同時にやはりリッチ感は必要――こんなニーズに応えるのが、先にあげたマイーのニットやヤヌークのカーゴパンツなのです。

たまにしかない、ただし確実に何ヵ月かに一度ある「フォーマルな場面」や「人前に出るとき」のアイテムだって必須。「ブラウス+フラノのパンツ」「ジャージーのワンピース」のように2セットもあれば十分です。それ以上は持っていたって、稼働率が低いから「元はとれない」と割り切りましょう。

そして、このリストを作るうえで大切なのは、日常の大部分を占めるシーンと、ごくたまにしか訪れないシーンを、アイテムは行き来できないということ。マイーのニットは、いくら上質なカシミアだといっても、夜のディナーやレセプションパーティには着られないし、逆に、ダイアンのワンピースは、撮影にはそぐわない。こうして思い切った揃え方をすれば、すべてのアイテムが無駄なく使え、必要だからクローゼットに存在する――という理想のワードローブになるのです。

2014年版ワードローブリスト

今回、この文庫版を出版するにあたり、この本を書いた当時のワードローブと「現在」を比較してみました。

3年経って、一番変わったこと。一つは当然のことながら年齢。30代後半、という、「本物の大人」への入り口に立った3年前。扉は目の前にありましたが、当然オープンにはなっていませんでした。まだまだ自分のおしゃれがわからなかった20代後半、おしゃれのゴールに近づいたと思っては、次の瞬間遠のくような感覚を味わった30代前半、そして、自分なりのおしゃれ、すなわち「自分らしいカジュアル」を確立した30代半ばを経て、また、少しずつ「何を着たらいいかわからない」時期がくるのだろう——と予感し始めた年代でもあります。

そして今、私は41歳になりました。きっと人生の中で最も楽しく豊かな年代でもある中年期に入り、見える景色がドラマティックに変わりました。体型も3年前と同じではなく、顔の印象だって。

そして、もう一つ。長年フリーランスでやってきましたが、自分のあり方が変わりました。この3年の間に、ある一冊の雑誌に属することになったのです。会う人や行く場所も変化し、以前はなかった「立場」に導かれて、私の気分や必要なスタイリングも違うものになりました。

こうした二つの「変化」を踏まえ、「進化」したワードローブの特徴は、黒が登場したこと、そしてスカートがうんと増えたことでしょうか。2011年版のワードローブにも登場したマイーのグレーカシミアニットと、レッドカードのダメージデニムは、今でもクローゼットにありますが、今の私の定番のトップスとボトムスは、次のような感じです。季節は2011年と同じ、冬から春にかけて――です。

トップス4枚

□❶カシミアグレーニット（エンフォルド）
マイーのものよりうんと肉厚。身体のラインを拾わないミドルゲージが、今のお気に入りです。カジュアルからオフィスまで、幅広く活躍
□❷ショート丈グレーニット（アクネ ストゥディオズ）
チャコールグレーのニット。おへそ上くらいのかなりのショート丈。スカートが増えた私のワードローブと、バランスがとりやすい一枚
□❸ノーボタンブラウス（ADORE）
とろみのある素材の、ノーボタンのブラウス。少しドレッシーな印象にもなるので、ディナーの時もよく着ます
□❹ボーダーニット（ドゥーズィエムクラス）
きっぱりとした2色のコントラストは、表情をはっきりと華やかに見せてくれます。ハイゲージなので、ふんわりしたスカートに合わせた

りします

❶カシミアグレーニット
（エンフォルド）

❸ノーボタンブラウス
（ADORE）

❹ボーダーニット
（ドゥーズィエムクラス）

ボトムス4本

□❶ペンシルスカート（ZARA）

膝が完全に隠れる丈のペンシルタイトが、登場回数最多。短めの丈のニットで、視線を上に集めると、今までと違うバランスが可能になりました

□❷ふんわりレザースカート（ラ・フォンタナ・マジョーレ）

しなやかなレザーのスカートは、かなりのお気に入り。真夏以外は着ています。きちんとした場所へも対応できる一枚

□❸デニム（ヤヌーク　パトリシアスキニー）

ボーイフレンドに少し飽きてしまったからか、気分が変わったのか、昨年今年とヘビーユースしたのが、ストレートスリムのデニム

□❹ピンクベージュの九分丈パンツ（ドゥロワー）

ウエスト下にタックが入った、緩やかなラインのパンツ。九分丈にす

ることで、足首を出してはけるから、靴を選びません

❶ペンシルスカート
（ZARA）

❷ふんわりレザースカート
（ラ・フォンタナ・マジョーレ）

❸デニム
（ヤヌーク　パトリシアスキニー）

第2章

「私の体型」は私だけの宝物

「着やせ」は全く意味がない

着やせ――という言葉は、あまり好きではありません。自分自身も心がけていないし、雑誌の企画を考えるときも、このフレーズをタイトルにすることは、まずないです。

そもそも、着やせをしてどんな意味があるのでしょう？　きれいなバランス、整ったバランスは確かに必要。けれど、「痩せて見える」ことと、「おしゃれになること」とは全く違うベクトル。

では、きれいで整ったバランスはどのようにして作ればいい？　答えは、「自分の好きな部分」「自信があるパート」を目立たせる――ということ。

実際に例をあげて考えてみます。

バストにボリュームがあり、ウエストからヒップにかけても重量感がある、外国人体型。けれど膝下は細く、そしてヒップの位置も高い。

まずは、丸く豊かなバスト。隠さない！　服の素材やデコルテを吟味《ぎんみ》して、知的にアピールします。素材はラインをなだらかに見せ、自然なドレープを寄せてくれる厚手のジャージー。そしてバストを包む輪郭をシャープにする、シャツカラー。せっかくのジャージーのとろりと落ちるラインを途中で分断しないために、ワンピースを選びます。ぴったりとしたタイトなシルエットではなく、ウエストから裾《すそ》にかけて適度に広がるシルエット。

そうすれば、ウエストからヒップにかけてのラインをナチュラルに見せ、女性らしさを際立たせてくれ、膝丈を選べば、すんなりとしたふくらはぎをアピールできます。

そう、正解はジャージー素材のシャツワンピース。

これが「着やせ」と称して、チュニックワンピースを選んでしまっては……。確かに「気になる部分」はすべて隠れているけれど、せっかくのバストの美しさも、女性らしいまろやかなボディラインも――「良いところ」まで、すべて隠してしまうことに。

二人として同じ体型の人はいません。そして10年前の自分と、今の自分は違うボディラインだし、ややもすると2週間前とも微妙に変わっていたりする。
パーフェクトな人もいなければ、自分の体型に100%満足している人も、実はそれほどいない。

誰しもが、それがたとえモデルであっても、「ヒップが大きすぎる」「二の腕が太い」「肩が痩せすぎている」と――何かしら、「嫌いな部分」はもっているのです。そして同時に、「ふくらはぎの筋肉は好き」「背中のシルエットは気に入っている」と……、お気に入りのパーツがあることも確か。嫌いな部分をネガティブに隠すより、大好きなディテールを、より魅力的に美しく見せてあげる工夫をする。あるがままの自分を受け止め、認めてあげること。実はこのことが、おしゃれになることの第一歩だと思うのです。

私の場合もそうでした。制服を着続けた小学生から中学生を経て、アメカジ全盛の高校時代。実際にアメリカに留学して目の当たりにした、欧米人とは全く違う身体のつくり。そして大学と、20代を、もやもやとした気持ちで自分のスタイルを探し続け、やっと40歳を前に、自分ならではの着こなしができるようになったのです。

本当につい数年前まで、自分の身体で好きなパートはほぼありませんでした。嫌いな部分がほとんど。自信もなければ、人と比較をして落ち込むことばかり。ただし、自分の好きな部分だけを生かすスタイリングをするようになってから、「きれいなバランス」と「自分らしいおしゃれ」の両方がわかるようになった気がします。

ちなみに私が好きな、数少ないボディパートは、肘《ひじ》から下と、足首からふくらはぎの半分くらいまで。そして、肩先と背中。ずいぶんとピンポイントですが、それが大切。腕といっても、肘から下、肘から二の腕とかなり広範囲にわたります。「私は好きな身体の部分なんてない」と思う人も、このくらい細かい視点で見てください。「手首のこりっとした骨」や「足首からふくらはぎにかけての筋っぽい感じ」とかでもいいのです。こうしてお気に入りが決まれば、あとはそこをどう美しく見せていくか――だけ。

私は、ベアトップのように背中と肩先をアピールできるトップスやドレスが勝負服。なので、「ハレの日」の、自信も存在感も必要な日は、こんなアイテムで。逆に、結婚式でよく見かける、ノースリーブ、そして膝上のタンクドレスは、いくらデザインや素材が気に入っても「絶対ＮＧ」と決めています。

普段のおしゃれには、シャツや適度にゆとりのあるニットのように、腕全体を隠して手首だけを出す着方ができるアイテム。スカートを選ぶなら、膝より下の丈のもの。というように、自分のもっているチャームを、より印象的に見せる服を選び取るようにしています。これが、ひいては美しく整ったバランスにつながると思います。

そして「私のお気に入り」を美しく見せてくれないアイテムは、あきらめてしまえばいい。そこそこ似合うもの、そんなに似合わないもの――を捨てて、とびきり似合うものだけを選び取ったとき、私だけの宝物は、いきいきと輝き、いっそう魅力的に見えるようになるはずです。

二の腕と膝――絶対隠すか、絶対出すか。2つに1つ

二の腕と膝――この部分の印象で、その人のおしゃれ度はかなり大きく左右されます。ふくらはぎの太さや、ウエストラインなんかよりもずっと影響力は大。だからこそ、肉のつき方やラインなどをよく観察しましょう。そしてもちろん隠す場合、出す場合と服を実際に着比べて見て、「私の場合」を見つけてください。

私の場合――。

長い間スカートが嫌いでした。どんなデザイン、どんな素材を着ても、どうもしっくりこない。朝、コーディネートして出かけて、ショウウィンドウなど

に映る自分の姿を見て、「やっぱり着てこなければよかった……」と思うこともたびたび。もともと筋肉質で、さらに学生時代クラブ活動に打ち込んだせいもあって、ふくらはぎにボリュームがあるのが原因かな――と思っていたのですが……。

ある日気づいたのです。ふくらはぎではなく、膝が問題だったのだ、と。日本人特有の丸い膝、そこに20代半ばを過ぎてから贅肉《ぜいにく》がのり、どこか「もっさりした印象」に。ミラノの女の子のようなベーシックで格好いいスタイリングが好きなのに、この丸い膝のおかげで、全身のイメージが、全くそうはならない。そこで膝を完全に隠してみたら？　あら不思議。

気になっていたふくらはぎは、いきいきと健康的に見え、筋肉と筋が際立つようになり、華奢《きゃしゃ》な上半身とのバランスもよく見えるではありませんか！　横から見たときの、脚のシルエットも気にならなくなったことも付け加えておきます。

二の腕も同じ。迫力のあるスタイリング、シンプルで強いメイク、なのに二の腕はややぽっちゃり……。このギャップを埋めたくて、出すときは肩が半分、もしくは全部出るくらいのスリーブを選ぶようになりました。アメリカンスリーブのタンクトップやベアトップ。そう、二の腕を出すときは、チャームポイントの肩とセットで出すことにしたのです。

そして二の腕の半分くらいまでの半袖を着るくらいなら、夏でも長袖のシャツや七分袖のカットソーを選ぶようになりました。

膝も二の腕も、中途半端はやめて、潔《いさぎよ》く出すか全く出さないか——こんなふうに自分なりのルールをぜひ見つけてみてください。星の数ほどある服の中で、最も自分を美しく見せてくれるアイテムが自然と絞《しぼ》り込まれてくるのです。

体型別　黄金比率の見つけ方

整った美しいバランス。それを実現するために、「気をつけたいこと」を書いてみたいと思います。好きな服を好きなように着て、「あら、きれい」という人は滅多にいません。小柄さんは小柄さんなりに、大柄さんや、ふくよかさんも――「自分の黄金比率」を見つければ、バランス美人になれるのです！

【小柄さん】

できるだけトップスをコンパクトに――が最も大切なこと。シルエットで言えば、三角形が理想的だと思います、例えば身体にぴったりと沿うタートルニットに、張りのある素材の台形スカート。タイツにパンプスでもいいし、乗馬ブーツでもＯＫ。正三角形▲のかたちです。もしくは、ヒップがぎりぎり隠れる丈のカフタンに、タイトなスリムジーンズ。これでもきれいなバランスは作れます。逆三角形▼のシルエット。

最も難しいジャケット選びも、「コンパクト」がキーワード。丈はウエストより上、長くても、ウエストの少し下がベスト。ボーイフレンドのシルエットなどは、難しいと、はじめから選択肢からはずしたほうが賢明です。小柄で身体もフラットなタイプなら、ツイードなど、素材に表情があるもの。ふっくらしている方は、ボディラインに自然になじむラムレザーなどが格好いいと思います。

・トップスはできるだけコンパクトに
・シルエットは▲か▼
・ジャケットはショート丈を選ぶ

【大柄さん】

大柄さんが目指したいのは、ミラノを歩く女性。わかりやすい甘さを排除し、背が高いことから生まれる迫力を大切にした着こなしです。

存在感がある、言い換えれば本当に格好いい骨格に、ふんわりとしたスカートや、チュニックワンピースのような素朴な服や可憐な服は似合わないのです。

対して、たっぷりとしたシルエットのパンツに、シンプルなカットソーも、大柄さんが着れば断然リッチだし、無駄な飾りのない膝丈のタイトスカートにベーシックなシャツだってクールで人目を惹《ひ》く。シルエットは、Ｉのラインを描くものがきれいにはまると思います。

日本女性の「甘好き」はわかるけれど、女性らしさは、シャープにあいたデコルテの肌や、もしかしたら背があるからこそ実現できる「長い髪」で表現すればいい。シンプルに装えば装うほど、「背が高いこと」を有効に使えるのです。

- **デザインはシンプルに徹する**
- **甘さは排除する**
- **Ｉのラインを目指す**

【ふっくらさん】

まず、身体のラインを四角いシルエットで隠さないことが最も大切です。具体的なアイテムは、例えば、コットンのチュニックワンピースのようなもの。「隠している」つもりでも、身体の凹凸がすべてなくなってしまい、メリハリのきいた美しいバランスは手に入りません。

ふっくらさんはしなやかな素材を選んで、ボディラインをまろやかに見せることが、実は美バランスへの近道だと思います。ジャージーのワンピースや、シャツもコットンではなくシルク。ボトムスもデニムのような張りのある素材ではなく、薄手のウールのような素材がベターです。バッグや、時計やアクセサリーも、メンズライクでシャープなものを選べば、女性らしいシルエットがうんと素敵に見えるのではないでしょうか？

- **しなやかな素材が最も大切**
- **四角いシルエットで隠さない**

・小物やアクセサリーはシャープなものを

「きれいなバランス」は試着室の中で決まる

痩せること＝おしゃれになることではない、と先のページでお伝えしましたが、きれいなバランスでスタイリングできたら、それはきっと、「着る人」を最も美しく見せてくれる。そして、自分が気になる部分より、お気に入りのパーツが際立ってくれれば、それはすなわち「自信」に直結し、よりその人を輝かせるのです。

それができるかできないか――、そんな着こなしを可能にしてくれる服に出会えるか出会えないか――は、試着室の中で決まります。確実に目的に合ったアイテムを手に入れなければならず、それは自分にぴたりと寄り添い、不自然な動きを排除し、フロントはもちろん、サイド、後ろ姿をチェックされても堂々としていられなくてはならないのです。

その判断基準をご紹介しますね。

まずパンツ。入るか入らないか――9号が美しく、11号は少しぽっちゃりしている――ということを大切に思うのはもうやめましょう。「私」と、「私のおしゃれ」の土台となってくれるパンツは、サイズに関係なく、まずヒップのフィット感をチェック。パンツはヒップではくものです。変なゆとりがあれば老けて見えるし、下着の線がくっきり見え、ヒップ下に深いシワがくっきりと寄ってしまうようなタイトなものは、知的な印象からは程遠い。自身のヒップの丸みをつぶさず、その立体感がわかるもの。まずはここを確認します。後ろからだけではなく、サイドから見ることも忘れずに。

そして次に見たいのが、ウエストのゆとり。これまたタイトすぎるのはNG。程よくゆとりがあって、トップスをインにしてもぽつぽつにならないもの。適度なゆとりとは、指2本が入るくらい。

さらに気をつけるべきは、サイドにポケットが付いている場合、そのあき具合。手を入れていないのにぱっくりとポケット口があいているようなら、ウエストからヒップ、ヒップから太ももにかけてきつすぎる……ということです。

次にスカート。判断が難しいタイトスカートを例にあげます。はじめに、パンツと同じく後ろ姿をチェック。下着の線がわかるものは、ヒップから太ももにかけてきつすぎるということ。立っているときは、まだ大丈夫でも、座ったとき、太ももの半分くらいまで裾がめくれあがってしまうこともあるので気をつけましょう。

そして意外に忘れがちなのが、スリットの深さ。ただ、すっと立って確認しても駄目なのです。大股で歩いて、スリットからどのくらい肌が見えるかを確かめるべき。斜めから見るとかなり上まで見えていた――なんてことは避けたいものです。

そして意外に、試着をせずに買ってしまいがちなニット。もたつくと、ニットのマットな素材は途端に垢抜けなく映るので、必ず試着をしましょう。

最初に確認すべきは、肩山。肩を落として着る、ボーイフレンドシルエットのニットは別として、もっさりせず、凛《りん》と着られるのは、肩の部分が自分のショルダーのトップより、少し中に、内側に入っているもの。この部分が外側に落ちてしまうと、「おばあちゃんのカーディガン」のように見えるので、気をつけましょう。

そして、丈。短いものは使いづらいし、ヒップの半分くらいまで隠れる丈は古臭い。ウエストの少し下。1枚でも着られるくらいの長さが理想的です。

最後に袖。手首の骨の位置がベスト。短すぎる袖は、明らかにサイズが合っていないし、手の甲が半分くらい隠れる袖丈は、どこか子供っぽい印象になります。

最後にコート。まずは、肩の位置。ラグランスリーブのように、肩山がないタイプは別ですが、これも指1本分くらい内側に入っているものが適正です。肩の上に服のショルダートップがちょうどのるものでも、やはりオーバーサイズに見えてしまいます。肩を直すのは、手間もお金もかかるので、この部分が合わなかったらあきらめるのが賢明です。

そして理想の丈。手持ちのボトムスによりますが、スカート派は自分が好むスカート丈より少し長めの丈。パンツ派は、太もも半分くらいまでのコート丈が使いやすいと思います。

もしベルテッドのコートなら、ベルトの位置は、自分のウエストより少し高めがおすすめ。実際にベルトも締めてみて、特に横と後ろから確認しましょう。いつもより、腰位置が高く、脚が長く見えたら合格です。

最後に袖丈。いつものインナーを着て、実際にコートを着てみます。手首の位置より1㎝くらい長めが美しく見えるバランス。袖丈を直すのは、肩を補整するよりも簡単なので、ほんの少しの違和感も直してもらいましょう。

30代になってわかった、見えない部分の補整方法

まわりの、ほとんどの女性が言うように、私自身34歳くらいで、自分の体型が20代のそれとははっきりと変化したのを意識しました。たとえ体重は変わらなくても、バストの位置は下がり、それに伴いデコルテが骨っぽくなりました。そして肩にさえもうっすらと肉がのり、二の腕はさらに肉質が柔らかく……。背中にも脂肪のヴェールが1枚重なった感じ。ほんの小さな変化でしたが、今まで似合っていたものを、決定的に「過去の服」にしたのでした。例えば、リブ編みのタートルニットや、ぴったりとしたカットソー。

ただし、シャツやジャケットは驚くほど34歳の自分に似合い、Vネックのニットに至っては、きっと「今が一番似合うかも」と錯覚を起こすほど。

そう、似合わない数枚の服がクリアになったと同時に、「今の自分」に似合うものを明らかにしてくれたのです。

だからおしゃれっておもしろい‼　4年前、そう思ったのを覚えています。

そしてそれから試行錯誤を繰り返し、次にあげる「このディテール」があれば、大好きなカットソーも、タートルニットも着られることに気づいたのでした。

・カットソー

バスト下までは程よくタイト、そして裾に向かって気持ちAラインのもの。後ろ、背中部分の中心に縦に入る切り替えがあるものが理想。

・タートルニット

細いリブではなく、適度に太さのあるリブ。これでタイトすぎるシルエットは避けられます。そして、下にキャミソールを着たくなるくらい、ほのかに透ける素材。

・ワンピース

とろりと落ちるジャージー素材や肉厚なシルク。ウエストの位置がきちんと定まっているもの。シャツカラーやデコルテがVにあくカシュクールタイプ。

・パンツ

ウエスト部分に少しタックを入れたスリムパンツ。太ももには適度にゆとりがあり、裾に向かって自然に細くなっていくタイプ。ヒップが大きくなったからこそ、グラマラスに着こなせるパンツ。足首がほんの少しのぞく九分丈なら、足元に華奢さが残るから理想的。

・チュニックブラウス

シルクやリネンでできた、エスニックなチュニックブラウス。長すぎるものはＮＧですが、肩からバスト、そしてウエストにかけてはややタイトで、裾に向かって広がるタイプなら合格。バストの位置が下がり、デコルテの贅肉が「そげた」からこそ着たい一枚。先にあげた、少し細みのパンツと合わせて。

年齢を重ね、似合わないものがはっきりとしたのは、私にとってとてもラッキーでした。34〜35歳で、自分の中の変化と真正面から向き合い、悲観するのではなく、一度ワードローブを見直してみる。明らかにこの先、着こなすのが難しいものは、きっぱりと排除することができたから。

この作業をやるかやらないかで、30代は何とかだましだまし、乗り切れるかもしれない。けれど、40歳になったとき、クローゼットの中のどの服を着ても、しっくりこない、似合わない——という恐ろしい現実がやってくるのです。

ベストなタイミングは人によって違いますが、「私」の変化には、とにかく慎重に。あ、次のステージに入ったな——そう思ったら、クローゼットの内容を、ぜひ見直してください。この時期に土台をきちんと作り直しておけば、その後のおしゃれは、少しずつここに加えていけばいいのですから。

第3章

素材と肌で見せる春夏のおしゃれ

春のおしゃれは季節を先取りしない

春って、実は私にとって、おしゃれが最も難しい季節。前のシーズンからのギャップが大きすぎる！　暦《こよみ》の上では春でも、まだまだ寒い日が続きます。それなのに、冬から春のファッションは、とてもはっきりと切り替わる。なんとなく上に羽織っていたものを脱いだり、逆に今まで着ていたものに軽めのアウターを重ねたり――こんななだらかなマイナーチェンジではなく、きっと、四季がある国に住む日本人は春になると、おしゃれのスイッチもはっきりと切り替わるのだと思うのです。

今までは、思い立ったように明るい色を着てみたり、素材をがらりと替えてみたり……。スタイリングも季節をがんばって追いかけているふうでしたが、あるとき気づきました。

大きな変化なしでも、冬から春への移行はスムーズにできる。いや、そっちのほうが気持ちも、もちろん外見も、自然に「春仕様」になっていくんだ、ということに。

それ以来、春のはじめは、選ぶ服の色のトーンを明るくしていく、重ねるおしゃれをする、シーズンレスのアイテムを活用する――といったように、コーディネートに少しずつ春らしさをプラスするようにしています。

そして、その過程で、気温も少しずつでも確実に「本格的な春」に追いついていく。いわゆる、「春のスタイリング」は、それからでいいのだと思います。

春先は、服のレイヤード

冬のコーディネートは重ねるアイテムの数がぐんと増えますが、私の場合、春の立ち上がりも同じ。3月の頭に厚いコートをしまった後は、ひたすら「レイヤード」を心がけます。まだまだ冬並みの寒さが続きますが、厚手のアウターに薄いインナー——ではなく、すべてのアイテムが同じくらいの力関係になるように。

例えば、レザーのブルゾン、カシミアのショートカーディガン、コットンのロングシャツ、フラノのパンツに、ミンクのストール……というように。

ここまで上半身のスタイリングに「使えるアイテム」が増えると、レイヤードスタイルって、実は簡単になります。ブルゾンはウエストくらいの丈でそれよりもうんと短いカーディガン、そしてカーディガンよりも、ブルゾンよりも長いシャツがポイントできいていて、ファーのストールは首元にきゅっとコンパクトに収まっている。こんな感じ。これが使えるアイテムが少ないと、こうはいかない。

薄手のインナーに厚手のダウンジャケットを着ておしまい——というシンプルで単調なスタイリングにはない、奥行きと立体感を生んでくれるレイヤード。おしゃれでいて、しかも防寒にも最適。ぜひ、今年の春は挑戦してみてください。

真っ先に替えたいのはバッグ

面積も大きく、全身のコーディネートの中で目立つ小物――といえばバッグ。色やデザイン、ビットなどの金具も「おしゃれの印象」を作る大切な要素。そして素材も。服はもちろん、靴も――夏はサンダル、冬はブーツ、のように「衣替え」があるけれど、バッグは意外に季節で持ち替えたりはしないのかもしれない。

ただし、本当は、バッグの素材は、色やデザインよりも、スタイリングに強く確かに影響する。表革なのか、それもシュリンクレザーやヴィンテージレザーのように表情があるのか、もしくは艶《つや》っぽいパテントやエナメルなのか……。スウェードやハラコ素材のバッグだってよく見かけます。

では、春は、どんな素材のバッグがいい？

答えはやはりスウェード。くったりとしたフォルムを作ってくれる、しなやかな素材は春夏にぴったり。ダークカラーを選んでも、サンドペーパーで削った表面には、味わい深い凹凸があり、軽やかに見えるのです。例えば、冬から引き続き、同じトレンチコートを着ていても、このバッグの存在があれば、春っぽさを感じることができる。

パテントやエナメルなどの光沢がある素材は、秋や冬の厚くてマットな素材に合わせたほうが映えるし、ハラコはもちろん、冬。シュリンクレザーやヴィンテージレザーは、素材に味があり、「肌の質感」が感じられる着こなしにこそぴったりくる。だから、冬以外の3シーズンに。

ブランドや色と同じくらい、素材でシーズンはじめのバッグを決める——これ、実は季節のワードローブを考えるときに、私が必ず実践していることなのです。

春は、「色」ではなく「シャツ」で始める

私の中で、冬から春への「衣替え」は、3月1日と決めています。よっぽど大雪が降らない限り、この日を境に厚いダウンジャケットや、カシミアのロングコートはクリーニングへ。3月の頭は、まだまだ寒い日が続きますが、冬、中でも特に冬の終わりが大嫌いなので、勝手に冬を見送りたい、というのがあるかもしれません。

皆さんは、春を、どんなコーディネートでスタートさせますか？

私は、コットンのシャツで始めます。

それも主役としてではなく、あくまで「バイプレーヤー」として。衣替えが間近になると、冬の間、あまり出番がなかった白いシャツを、最も取り出しやすい場所へ。ボタンは欠けていないか、しみはないか――確認します。

コットンの清潔な、からりとした素材感は春にぴったり。フラノのジャケッ

トのインナーにしたり、カシミアのクルーネックのカーディガンと合わせたり……。冬から引き続き活用しているアイテムも、衿元《えりもと》や袖口、ときに裾《すそ》にコットンがのぞいているだけで、ぐっと春めくから不思議です。

さらに、理由はもう一つ。白シャツは、「冬を引きずった肌」を一段明るく、ヘルシーに見せてくれるから。それは、パステルのような「春の色」より、確実に効果が期待できる。

冬の肌は、そして髪は、チャコールグレーのニットや黒のダウン――こんな冬の素材と色に、慣れてしまっています。

そう、ひと言で言えば、乾いているし、くすんでいる!

肌と髪を艶やかに整える、ヘアカラーを春仕様にする、メイクをマイナーチェンジする。こんな準備をしないままで着る、柔らかなパステルカラーは肌の乾きを際立たせ、鮮やかなヴィヴィッドカラーはくすんだ髪や肌には浮いてしまう……。

季節を伝えるのは、「色」の前に「素材」が有効。このことにあるとき気づいてから、春一番のアイテムは、シャツと決めています。

Vあきニットの出番

デコルテの肌を出すか出さないか――こんなに「少量の肌」であっても、隠せば全体の印象はマットに、逆に出せば、一気に艶が増す。そこで、春は、Vあきのニット！

光沢を抑えたニットの素材感があることで、デコルテの肌の瑞々《みずみず》しさは逆にぐんと際立つ。これは、コットンからのぞく健康的な肌とも、シルクと一体化するような華やかな肌ともまた違う、はっとするような女性らしい、春の肌。

まだまだブルゾンやジャケットを着る気候でも、タートルやクルーネックのインナーをVあきのニットに替えるだけで、確実に春のコーディネートになるのです。

そして最後に、Vあきのニットを着たときの、ネックレスの選び方も付け加えておきます。Vあきのニット、それも春のスタイリングなら、ネックレスはマスト。もちろん、華奢《きゃしゃ》なタイプが正解。大ぶりの石のネックレスは、存在感が大きすぎて、せっかくの肌の質感を消してしまうのでNGです。

長さは、ちょうど鎖骨下くらい、ベーシックな45㎝のものなら、90㎝くらいの長めのネックレスとレイヤードして。45㎝1本では短すぎてバランスが悪いし、逆に90㎝だけでは間延びする。もし1本でシンプルに装いたいなら、Vにあいた衿元ぎりぎりにトップがくるような、60㎝くらいのチェーンのネックレスがいいでしょう。

肌に直接のせる長さのものなら、トップも立体的なフォルムではなく、フラットなもの。そのほうが、肌に美しく溶け込み、自然に見えるのです。

大ぶりのネックレスは「服を引き立てるアイテム」。服と同じくらいのパワーがあるアイテムとしてスタイリングする。逆に、地金の繊細なネックレスは、服ではなく、「肌そのものを引き立てるもの」――と覚えておくと、日々のアクセサリー選びにも迷いがなくなるかもしれません。

Vに縁取られたデコルテの肌を、華奢なネックレスでていねいに飾る――これも、春のスタイリングでは、大切なルールです。

ストールは巻き方を変えて元をとる

3月、冬もののコートをしまった後でも、冬並みに寒い日は続きます。そんなとき、首元と足元を暖かくすれば、大丈夫。特に首まわりは、覆うか覆わないかで、体感温度は大きく変わる。

おすすめなのは、向こうが透けて見えるくらい薄い、上質なカシミアのストール。サイズは、180㎝くらいでしょうか。これが最も「あしらい」やすい。しかも、冬も春も、夏のはじめも秋も。季節を問わないから、きっちり「元をとれる」。

春のストールは、首元に小さく巻けば巻くほどいい。まだまだ寒い日が続き、しかもアウターとインナーの、素材感や重さの「差」が少なくなった季節は、ストールは防寒の意味合いを、より強めるのです。

例えばレザーのジャケットの首元に、ストールを3巻きして、中途半端に出た端は垂らさず、そのままあえて巻き込んでしまう。薄手ながら、何重にもなったカシミアは暖かい空気を逃がさず、ふんわりと包んでくれる。しかも、小さく巻いたストールは、まるでネックレスのように視線を上に集めるから、アウターの前を留めても着こなしにポイントができ、バランスよく着こなせるのです。

対して冬に使うストールは、厚いアウターと薄手のインナーを「つないでくれる」アイテム。例えばダウンコートに、インナーはカットソー。スタイリング的には、本当はカットソーとダウンの間に、カーディガンでも、Vあきのニットでも——もう1アイテム欲しいところ。ただし、実際はダウンに十分な暖かさがあるから、中に着るのはごくごく薄いものでOK。ダウンとカットソーの、「重量感」の落差や、素材の違いをきれいに「つないで」くれるのが一枚のストールなのです。

だからこそ、ストールは首のまわりに1巻き。そして両端は長く残してフロントに垂らす。そう、カットソーとダウンの間に、「カシミアのニット」が1枚存在するようなイメージ。

こういう役割をもっているから、ストールは黒、茶——のような単色ではなく、グレーがかったベージュ、カーキがかったベージュ……。など、一目で「何色」と言えないような、曖昧《あいまい》な色のほうが使いやすい。アウターやインナーの色にきれいになじんでくれるから——。

メインのコートはトレンチ

春先、まだ肌寒いときのコートは、トレンチと決めています。「トレンチベージュ」といわれる、グレーがかったベージュは、まさに「冬のベーシックカラー」をうんと薄くした色。だから、冬から引き続きのワードローブと相性がいいのです。

そして、着こなしのアレンジがきくのも魅力。フロントをあけて颯爽《さっそう》と着こなしたり、ベルトできゅっとウエストを締めて凛々《りり》しくスタイリングしたり……。中に着るものや、その日の気温や天気で、「着方」を変えることができるのです。

私が持っている、青山のショップ、ドゥロワーのコートは、厚手のライナーが付いているから、秋口から真冬も大活躍。春はこのライナーをはずして、少しリラックスしたシルエットを楽しみます。すべてのボタンを留めて、さらにその上からファーのストールを巻いていた冬とは違うスタイリングで。

コットンのシャツとジレのコーディネートに、さっと羽織って。前はすべてあけ、ベルトもそのまま垂らして、アクティブに。または、薄いカシミアのVあきニットと細身のパンツにボタンをあけて着て、共布のベルトはあえてせず、レザーのメンズのベルトでウエストを絞《しぼ》ります。少し余ったベルトの先は、そのまま折り込んで、ちょっとハンサムに着るのです。そう、春は中に着るアイテムと、トレンチコートの「力関係」は同じ。ストライプのシャツやダメージのきいたデニムと同じパワーバランス。コートですべてを隠すのではなく、シャツやニットやワンピースと「コーディネートをする」とうまくいきます。

3シーズン使えるトレンチコートだけれど、個人的には春の着方が一番好き。毎年、新しい季節の訪れを喜びながら、トレンチのスタイリングを楽しんでいます。

服の色を急に明るくするのは危険

先のページでも触れましたが、冬のブラウンや黒、カーキのような色から、突然「パステルカラーの人」になるのは、とても危険。髪や肌、そして気持ちもまだ、そんな明るく透明感のある「春の色」に慣れていないから。そこで、シャツなどの素材で季節の移り変わりを表現するのが有効、と提案しましたが、もし色でそれをやるとすると……。

アースカラーで占められた、どっしりとした色の、冬のスタイリングに、パステルではなく、明るいベージュやグレーを差してあげる。色みは大きく変えずに、冬中愛用していたベーシックカラーに、たっぷりの白の絵の具を混ぜていくイメージ。色の種類は同じでも、明るいトーンのベーシックカラーが加わると、全身の印象は明るく軽やかになります。

そして、春のはじめ、顔のまわりに少量の明るいベージュやグレーを採用し、春本番、初夏になるにつれ、その明るいベージュやグレーの割合を大きくなるように増やしていく。最終、全身の７割が明るいベーシックカラーで占められるころ、スカイブルーやベビーピンクをプラスすれば、「私」にも、着こなしにも、今度はきれいになじんでくれるのです。

もちろんそうすることで、ワードローブにも無駄がなくなります。深いベーシックカラー↓深いベーシックカラー＋明るいベーシックカラー↓明るいベーシックカラー＋パステル。というように、土台の色や差し色、それに小物たち――ワードローブを総取り替えすることなく、自然に次のシーズンへと移行できるのです。

レザーのジャケットは、春に手に入れる

季節を問わずおしゃれを支え、すべての季節、新鮮なスタイリングができる——オールシーズン使える、万能アイテムは何でしょう？

正解は、レザー、それもスウェードのジャケット。しなやかで柔らかく、味のある素材感。さらにコンパクトなシルエットで、ジップアップ、ウエストより少しだけ長い丈なら、間違いがない。こんな一着が見つかれば、真夏以外、3シーズン活躍してくれる。日本は高温多湿。風を通さない（ということは、冬でも暖かい）スウェードは、夏だけは向かないけれど、ドライな気候のヨーロッパの女性は、真夏でも愛用しているほど。

それでは、なぜ春に手に入れる必要があるのでしょう？

まず、スウェードは春に好まれる素材だから。ブラックやブラウンなどのベーシックカラーはもちろん、キャメルやグレー……選べる色のバリエーション

が、ほかのシーズンより、ぐんと広い。

さらに、冬によく見かける厚手のものより、コーディネートしやすく、ちょうどいい厚さのものが揃《そろ》うから。「理想の一着」を手にしたら、スタイリングはそれこそ自在。

例えば春のはじめ。インナーにはカシミアのVあきのニット。サックスブルーのシャツをのぞかせ、フラノのパンツを合わせて。まだまだ寒いから、衿元にはファーのストールを巻いてもいい。春の終わりから初夏にかけては、中をカットソーやタンクトップで。ボトムスにリネンを選べば、季節感が表現できる。そして秋。グレーのパーカをインに、フードを外に出し、デニムとスタイリング。冬は、地厚のカシミアのタートルニット、そしてさらにジャケットの上からダウンベストを重ねて。フラノのタイトスカートにタイツ、ブーツを合わせれば防寒もばっちり。

レザーの表面をサンドペーパーで磨いたスウェードは、表情が豊かで、ウール、カシミア、ファー、コットン、リネン……どんな素材ともなじみやすいのがわかります。季節と季節の間の、さまざまな素材が混在する時期にもぴったり。

加えてもともと風を通さない素材で、しかもジップアップなら、インに合わせるものや、またフロントをあけるかあけないかでも、「体感温度」が調節できる。おまけにシワにならず、リッチ感も備えているから、普段のコーディネートにはもちろん、旅行のときにも活躍する、私の最愛アイテムの一つなのです。

夏のおしゃれに一番必要なのは、決断力

夏のおしゃれで最も大切なのは、自分のスタイリングのベクトルを、いつも以上に確かなものにすること。「涼しげで上品」なのか、「迫力があってリッチ」なのか。

方向性をはっきりさせる要素は、実は肌の存在が大きい。どんなトーン、どんな質感の肌をどう出して、どう隠すのか——素肌を、コーディネートのアイテムとして考えられてこそ、スタイリングに使う素材や色合わせなども見えてくるのです。

私の場合、まず服や小物を揃える前に、ここの答えを決めておきたい。

インとなる色も、もちろん前提に「日焼け肌」があるから、毎年スタイリングのメインとなる色も、肌の色とトーンが同じ色——と決めているし、そばかすが浮くテラコッタ肌には、シルクのようななめらかな素材よりも、ざらっとしたリネンのほうがよく似合うことも知っている。

また、黒は日焼け肌をくすませるから、ある素材とあるアイテム以外は着ない——それはコットンかリネンのサンドレスなのだけれど——と自分の中のルールが明快なので、逆に迷いがなくて、おしゃれは他の季節と比べても、格段に楽しいのです（夏という季節そのものが好きなこともありますが……）。

そう、夏は「とびきり似合うもの」と、「あきらめなくてはいけないもの」の二者択一。自分なりの「決めごと」を、ぜひ見つけてください。きっと、夏のおしゃれがぐんと楽しくなるはずです。

肌を焼くのか、美白を守るのかを決める

夏。「肌」は、スタイリングを構成するアイテムの一つ。そう、服の素材はどんどん薄くなり、重ねるおしゃれもしづらくなる。例えばコットンのワンピース一枚——着て完成……なんて日も。だからこそ、デコルテの瑞々しい肌や、腕の健《すこ》やかな肌、背中の艶っぽい肌や、脚の女っぽい肌。冬のコーディネートの大部分を占める、例えばコートと同じ存在感が、夏の肌にはあるのです。

だからこそ、今年は日焼けをするのか、もしくは白肌をキープするのかを決めましょう。そうすれば、その年の夏のおしゃれが見えてきます。

日焼け肌はリッチに見える、とはよく言われること。ヨーロッパでは、冬の

間も、「南の島にバカンスに行った」ことがわかるダークスキンは、それこそ憧れの的。

きめの細かい白肌は、暑い夏の間も涼やかで、そう、清潔感の象徴。女性らしく、優しい印象になる。

どちらがいいか悪いか――ではなくて、方向性を明らかにすることが大切。

私の場合は、もちろん前者。日焼けは肌に悪いこともわかっているけれど、夏のおしゃれには、この肌色は欠かせない。ベージュ、乾いた砂のような、黄みを帯びたサンドベージュ。それとグレー。それも冬の間のダークなグレーではなく、淡いグレー。この２色の服が、春の終わりから夏の終わりまで、クローゼットに並びます。

強弱の少ない２つの色は、ややもすると地味で退屈に映りますが、迫力のあるテラコッタ肌があれば、洗練された、印象深い色合わせに変わるのです。他にも白はもちろん、野暮ったくなりがちなパステルだって、ぐんと格好よく映るのが日焼けした肌。

対して夏の白肌。日焼け派とは逆に、コントラスト、色の濃淡が明快な色合わせがおすすめ。白1色ではなく、黒と白の2トーンで。もしくはネイビーと淡いグレー、チョコレートブラウンとオフホワイトのように。ダークな色が、コーディネートの輪郭をクリアにし、淡い色が、白肌のもつ清涼感を、より際立たせてくれる。

日焼け肌にも、白肌にも——プリントの服を選ぶときにも、このルールを参考に選ぶと、似合う一枚が見つかるはずです。

夏のおしゃれは肌で決まる。夏の章の最初のページで、このことを言っておきたいと思います。

夏のシャツは絶対にリネン

春はコットンのシャツを愛用していますが、夏になると、それはリネンに替わる。からりとした質感、そしてコットンよりも張りのある素材は、暑く長い、日本の夏にはぴったり。

朝、袖を通した瞬間の、ぱりっと硬さの残るリネンも、夕方はっきりとシワの残る柔らかなリネンも大好き。「ヴァンテーヌ」という雑誌の編集者をしていたとき、「リネンのブラウスの、美しいシワの跡」というフレーズを書いて、当時の編集長にとても褒《ほ》められたことも、夏、リネンのシャツを着ると思い出すのです。

こんな風合いの魅力のほかに、リネンが夏に向く理由があと2つ。

まず1つ目は、リーズナブルなものでも、リネン独特の質感があるから、安っぽく見えない――ということ。もちろんイタリアのシャツブランド、オリアンやバルバのように、とても上質なリネンのシャツもありますが、私がもっぱら愛用しているのは、ZARAや、時にはセレクトショップオリジナルのメンズのシャツ。なめらかな高級なリネンより、ざらっと荒く織られたリネンの肌触りは、素朴で力強い。日焼けをした、ややドライな質感の私の肌を、格好よく見せてくれる気がするのです。

夏中たっぷり楽しんで、2年目くらいになったリネンのシャツは、今度は「旅専用」に。ビーチで日焼けをするとき、30分くらい太陽の下で寝そべり、あとの30分は、シャツをそのまま羽織って本を読んだり……。濡れた肌の上に重ねても、すぐに乾くし、何よりオープンタイプなので、着脱がとっても楽。リゾートホテルのダイニングで食事をするときの、冷房対策にも最適。こんなふうに、風合いを少しずつ変えていくリネンを、思う存分楽しんでいます。

そして2つ目。天然の素材ならではの、豊かな表情は、重ねるおしゃれができない夏のコーディネートに、立体感と奥行きをプラスしてくれるから。リネンのシャツに洗いざらしのデニム——こんなシンプルな組み合わせだって、「リネンだからこそ」さまになる。ターコイズやジェイド（翡翠《ひすい》）のような、ナチュラルストーンのネックレスで胸元を飾れば、コーディネートは完成。

クローゼットの中のシャツを、リネンにチェンジすると、大好きな夏がやってくるのを実感できるのです。

ジレを一着。スタイリングがぐんと楽しくなる

夏のワードローブに、何か一着買い足すなら、絶対にジレ。理由は明快。本当にあらゆるスタイリングに合い、そしてさらに今まで躊躇《ちゅうちょ》していたアイテムも、ジレの存在で身近になるから。

理想は、ウエスト位置くらいのショート丈。ボタンは基本留めずに着るので、コンパクトなシルエット。衿はなく、リネン混の少しカジュアルな素材感がベスト。色はドライなベージュ、ジレの後ろ側はもちろん、裏側に（歩くとかなりの頻度でめくれるので）ポリエステルなどの裏地がないものが使いやすい。

こんな一着を手に入れたら、あとは自在にスタイリングするだけ。

例えば、大きめのシルエットのTシャツと細身のデニムに重ねたり。ゆるっ

としたアウトラインの服も、視線を上に集めてくれるから、後ろ姿もだらしなくなりません。

また、マキシ丈のノースリーブワンピースが「間延び」するのを防いでくれるし、そして夏の長袖シャツに合わせれば、よりきりっとした印象に。

さらに、少しぴったりしたリブのタンクトップ……最近一枚では着られないな、なんていうときにもジレは大活躍。ジレを羽織って立体感を出せば、タンクトップのタイトなシルエットが気になりません。そこにタックパンツや、ロングスカートを合わせれば、あっという間にスタイリングは完成。

今までは、コーディネートのアクセントにストールを使っていましたが、やっぱり暑い！　ジレがあれば、夏のおしゃれはうんと簡単に、おしゃれになるのです。

昼も夜もいけるのは、黒のワンピース。素材はリネン

数年前に青山のセレクトショップで購入したリネンのワンピース。からりとしたドライな質感と、コットンのようなしなやかさが特徴のサマードレス。背中が大きくくれていて、ウエストはタイト、裾に向かってふわっと広がるシルエット。もちろん膝が隠れる丈。

フランスのブランドのこの一着は、夏中大活躍してくれ、しかも飽きずに、もう4年は着ているでしょうか？　またこのタイプのワンピースを見つけたら、絶対購入しようと思うほどお役立ちなのです。

昼はコットンのカーディガンを羽織って、肌の分量を抑えめ、そしてフラットなバレエシューズと合わせてカジュアルに。夜――本当はリネンは「昼の素材」だけれど、エスニックなアクセサリーと、ヒールのサンダルで、ドレッシーに装います。

基本的に、気合が入った夜のお出かけと、デイタイムの素材ははっきりと分けるようにしていますが、このワンピースだけは別。カジュアル感とエレガントさを併せ持つ黒という色で、そして目の詰まったリネン……だからこそ「いける」のかもしれません。普段あまり黒を着ない私も、この夏のドレスは特別。昼も夜も大活躍してくれるのです。

あえて夏に長袖——の理由

ミラノに住むスタイリストから聞いた話。

日常とバカンス、それぞれの時間の過ごし方が実にはっきりしているイタリア。それはファッションにも言えること。街を歩くスタイルと、休暇を過ごす海辺でのコーディネートはがらりと変わります。ウィークデイは、例えばシャツに細身のパンツ——ストイックな服装で仕事をしている女性も、週末のセカンドハウスでは、大胆なプリントのマキシドレスに着替える……というように。

スタイリストの彼女も同じ。普段は着ないプリントのブラウスや、ロングスカート。そんなアイテムを楽しむと言います。生粋《きっすい》のミラノっ子である彼女は、もちろん日焼け派。びっくりするほど焼けた素肌に、確かにそんなアイテムは本当にしっくりくる。昼はビキニで太陽を楽しみ、そして夜はその艶やかなテラコッタ色の肌を潔《いさぎよ》く出したドレスがとっても似合いそう。

そう言うと彼女は答えました。「夏のリゾート地だからこそ、夜は長袖。また熱を帯びた素肌に、シルクシフォンのブラウスを羽織ったり、もっとカジュアルな場面だったら、コットンの薄手の長袖カットソーに、エスニックなアクセサリーをきかせたり」

皆が「大きくアピールした肌」に慣れてしまっているからこそ、肌をあえて隠したほうが、ずっと強い印象を残すことができる。そしてほんのわずかにのぞく「肌」が、効果的に映る……とも付け加えた。

なるほど！　確かに、それほど肌の存在感は大きくなる季節。この話を聞いて以来、肌の色だけでなく、肌をどう見せるか、使いこなすかを考えるようになりました。透けるほど繊細な白いシャツにサマーウールのクロップトパンツ、背中が大きくあいた、コットンリネンの長袖のブラウスとデニム。大きく肩を出したリネンのサマードレスと同様、こんなスタイリングもレパートリーに加わったのです。

「腕は裸」で歩かない

私が実際に、雑誌の夏の号でスタイリングするとき、小物で最も気を配るのがブレスレット。どんな着こなしでも、ブレスレットや時計なしに完成することはありません。ノースリーブはもちろん、半袖、そして長袖を着るときでもまくって着たり……腕、それも手首は、全身の中でも最も目立つパーツの一つ。プライベートでもここに気を配らずして、外出することはないのです。

しかも手首に飾るアクセサリーは、服やほかの小物と喧嘩《けんか》せず、うまい具合になじんでくれたり、逆に「はずし」になってくれる。以前は、大ぶりのターコイズのネックレスやウッドのロングネックレスをよくつけていましたが、身長が162㎝ある私でも全身で見たときにバランスが上手にとれず、そのことに気づいてからはもっぱら、アクセントを手元に置くようにしたのです。

大ぶりのシルバーのバングルや、エスニックなウッドのバングル。「大きめを1つ」は、肘《ひじ》から手首までが長く、かりっとした、手首の骨の存在もはっきりしている欧米人にはよく似合うけれど、私には無理。だから、手元は細いタイプのレイヤードで。

まず、レザーでできたミサンガのようなブレスレットを2〜3本重ねる。これは、日焼けをしたカジュアルな肌によく似合う、手元コーディネートの土台。そして、透明感と涼やかさを加えてくれる、数種類の半貴石を数珠のように連ねたタイプを1つ。そしてダイヤモンドがドット風にあしらわれたイエローゴールドの華奢なバングル、さらに、バロックパールのブレスレットを最後に。この2本は、リッチ感と女性らしさに欠かせないもの。反対側の手には大ぶりの時計をすれば完成。

こんなふうに、色や素材は揃える必要がなく、気分によって、もっと本数を増やしたり……自由に自分らしく楽しめるのもいい。そして、この組み合わせが、「自分を語る」雄弁なポイントになってくれるのです。

Tシャツにジレ、ボーイフレンドデニムというスタイリングから、ボヘミアン風のコットンのマキシドレスにも。はたまたリネンの黒のシャツにきれいなサマーウールのパンツにも。どんなコーディネートにも似合うから、夏のワードローブを考えるときに、手元にあしらうアクセサリーをお忘れなく！

夏はネックレスよりもピアス

服が薄く、重ねるおしゃれもしづらくなる夏は、ネックレスよりもピアスに心を砕《くだ》きたい。例えばウールのニットにカシミアのストール、レザーのジャケット……冬のコーディネートのように、上半身にさまざまな表情の素材があれば、それだけで顔まわりに立体感が生まれ、華やかな印象に。逆に、こんなに素材のニュアンスがあれば、ピアスがややもすると埋もれてしまうことに。

ただし、夏は、素肌にコットンのカットソーを重ね、リネンのジレをプラス——のように、素肌に一体化するような、軽い素材がほとんど。そこで、「服」よりも、「肌」の印象がおしゃれの成否を決めたりする。腕や、肩の先や顔の肌。

そしてそのパートを美しく飾るのは、ネックレスよりも、もっと顔や肩に近いピアス。素肌に直接のせるネックレスよりも、横から、斜めから、立体的な光をプラスしてくれるピアスのほうが、この季節には有効なのです。

おすすめは、1つ目は色石、それも肌なじみのいいスモーキーな石のドロップ形のタイプ。ターコイズやオニキスのような、強さのある石よりも、スモーキークォーツやムーンストーン、ジェイド……といった、透明感があって、透かして見ると向こう側が見えるくらいの、繊細な石がいい。骨格のフラットな日本人の横顔に、複雑な光をプラスしてくれるから——。ブラウンがかった石がいいのか、ピンクっぽい石がいいのか、実際に試着をして見つけてください。表情を華やかに、そして肌色や髪の質感を美しく見せてくれる「自分の石」がきっとあるはずです。

そして2つ目は、フープのピアス。実は、あごまでフープの先がくるくらいの大きめがいい。中途半端な大きさだったら、しないほうがいいくらい。かなり細めのものを選べば、軽くて、しかも大げさでなく、けれど確かに「明るさ」は加わる。髪をきゅっとまとめて、このピアスを飾るのは、私の夏の定番スタイル。涼しさと、リッチなニュアンスが出せる、お気に入りのスタイルです。冬は、首元が重くなるから、逆にこのピアスはお休み。夏に思う存分楽しむのです。

ピアスは、顔に最も近いジュエリーながら、あまり冒険ができないアイテムだったりします。夏は、ピアスもメイクの一部。肌の色や質感によっても似合うものが違う、とってもパーソナルなものなので、服に合わせる、というよりも顔や肩の肌を際立たせる一つを選びましょう。きっと、どんなスタイリングにもぴたりと寄り添うものがあるはずです。

メイクよりも足元のお手入れ

暑い夏、がんばって施《ほどこ》したメイクは、かえって暑苦しい。素肌を感じさせるくらいの軽やかな肌に、ポイントでラインをきかせるくらいがいい。アイシャドウよりも、チークで作る立体感が大切だったりします。

その分、他の季節よりも気を使いたいのが、足元のケア。何も、ペディキュアをしているからOKではありません。サンダルを履く夏は、実は冬よりもつま先やかかとが乾燥しやすく、さらにこんなディテールがうんと目立つのに、手入れを忘れたりする。ここをきちんと保湿するかしないかで、全身の印象は大きく変わります。

私は夏場、お風呂に入るときに、オイルが入ったスクラブで軽くマッサージ。古い角質をためないように——。そして湯上がりには、ボディ用クリームでしっかりと潤いをプラスするようにしています。

そうすることで、セルジオ　ロッシのサンダルを履いているときはもちろん、ハワアナスのビーチサンダルを履いていたって、どこかリッチに見えるのです。

その人のおしゃれを構成するのって、実はこんな細かい部分だったりする。そしてそれは、ほんの少しの手間をかけてあげればいいことだったりするのです。

毎月ネイルサロンに通わなくても、これならきっとできるのではないでしょうか？

第4章

秋冬は重ねるおしゃれを楽しむ

秋は最もおしゃれが楽しめる季節

秋は、気温の制約から解き放たれ、最もおしゃれが楽しめる時期。カシミアやレザー、シルクなど、味わい深い素材が増え、しかも木々の葉が色づくように、コーディネートに使う色もこっくりとドラマティックになります。

そして秋は、なぜかトラッドが似合う季節でもあります。トレンチコートやストライプのシャツ、フラノのジャケットにカーフレザーの乗馬ブーツなど。解放的な夏のおしゃれから、こんなアイテムを一つでも採用した着こなしに移行すれば、ぐっと「秋らしさ」が深まるのです。

夏と冬、というある意味はっきりとわかりやすい二つの季節に挟まれた秋は、短いだけにとにかく楽しむこと。それが大切なのだと思います。

最近は夏がだらだらと続き、秋を楽しめないままいつの間にか冬になっていきます。だからこそ、意識的に「秋」をフューチャーし、秋のおしゃれを実践するのが大切なのです。

髪の色を１トーン落ち着かせる

モデルたちが、９月号の撮影――それは大体、７月ごろの撮影だったりするのだけれど――が始まるころ、真っ先にやるのが、ヘアの色を１トーンダークにすること。秋の色や秋の素材には、やはり、秋の髪色。

例えばコットンのワンピースに、リネンのストール、という夏の着こなしと、カシミアの薄手のニットにパールのネックレスというような、秋のコーディネートでは、「髪の色」は変えてしかるべきなのです。

素肌を生かしたスタイリングが多い夏は、ヘアの色は、軽くてもバランスがいい。けれど、レザーやカシミアといった、暖かみのある素材が多くなり、しかもおしゃれの土台となる色もダークになる秋は、こっくりとしたブラウンの髪のほうがしっくりなじむ。

そして、瑞々《みずみず》しさを担う要素が、夏の「肌」から、秋の「髪」へ移行する時期でもあるから、夏の終わりから秋にかけて髪の質感や色には、気を配りたい。

いち早く投入するのはサマーウールのボトムス

暦《こよみ》の上では秋といっても、最近では10月まで暑い日が続き、どうも夏が長くなった気がします。春から夏、秋から冬は、それほどファッションでも大きな切り替えはなく、なんとなく気づいたら季節が変わっていた——という感じですが、夏から秋、そして冬から春はそうもいかない。

クローゼットに並ぶ洋服も、この時期、色や素材ががらっと変わる。秋への衣替えは10月のはじめ。リネンのベージュのパンツや、コットンのノースリーブのドレスはしまわれ、そこに登場するのがサマーウールのパンツ。ミドルグレーなら、理想的。丈は八分か九分。

基本、「もったいない」ので、季節と季節をつなぐ合着は持たない私ですが、このサマーウールのパンツは別。残暑と秋本番——気温の差も、季節の移り変わりもつないでくれる存在として、一年のほんの少しの時期しか使えなくても、常に揃《そろ》えておくようにしているのです。

それではなぜ、このタイプのパンツがいいのでしょう？　言うまでもなくボトムスは、スタイリングを支える、大切な土台。まだ残暑厳しい10月。トップスは、夏のワードローブを着ていても、ボトムスは「秋のアイテム」でないと。サマーウールなら、厚手のフラノほど暑くはないし、薄手のトップスと合わせても相性がいい。しかも、ウールが少しでも含まれることで、色に深みが生まれ、ぐんと秋っぽさが増すのです。

ミドルグレーにしたのは、淡いグレー、ベージュ、白といった春夏のベースカラーと、濃いグレー、ダークブラウン、カーキで構成される、秋冬のベースカラー――この「色の差」をつないでくれるから。ミドルグレーがあれば、ぎりぎりまで「夏のおしゃれ」で、ある日突然「冬のおしゃれ」に変わっていた……なんていうことも避けられます。

そして九分丈を選んだ理由。それは、トップスのデザインも選ばす、合わせる靴も制限しないから。フルレングスではなく、足首半分くらいまで見える丈の、少しのぞく肌の存在も大切。肌を生かしたおしゃれが多い夏から、肌を覆う冬のおしゃれへ。この間を、無理なく埋めてくれるのです。

もちろんこんなボトムスは、冬から春への移行期間でも有効。一年の中で、コーディネートががらりと変わる時期にこそ、この存在が必要となるのです。せっかく四季がある日本だからこそ、季節と季節の間のファッションも楽しみたいものです。

「使える」カーディガンは、1タイプだけ

この時期最も活躍するアイテムは、カーディガンかもしれない。ウエストくらいまでの丈で（着ても、巻いてもバランスがいい）、袖は絶対に長袖（七分袖や八分袖は短すぎて巻けない）、淡いブルーやキャメル、ベージュを含んだグレーなど（どんな色のトップスとも、なじんでくれる色だから）がいい。

そして衿あきは小さく（一枚で着たときにさまになる）、ボタンは大きすぎず小さすぎない貝ボタン（悪目立ちしないし、インナーを選ばない）、薄手のウール100％（しなやかなのに、適度に張りと厚みもあるからアレンジしやすい）だったら完璧。

なぜ、ここまで素材やデザインを限定するかというと、カーディガンは、ただ「着る」だけではなく、小物としても使えるから。Tシャツの上にきっちりと重ねて着るのはもちろん、上3つのボタンをあけて素肌の上にカットソーの

ように着たり、シャツの肩に掛けてストール代わりに、またはワンピースのウエスト部分に巻いて、ベルト代わりに使ったり。

暑さが残る昼間と、肌寒くなる夜——秋のはじめ特有の温度の差を埋めてくれるだけでなく、こんなふうにシンプルな着こなしにスペシャルな「味」を加えてくれる、小物としての役割も果たしてくれる。

最初に紹介した「カーディガンの条件」は、ほかのアイテムを選ぶときの視点より、うんと厳しく、そして明快なのだ。

「極薄のカシミアニット」の理由

毎年、同じものが買えるショップを、私はとても信頼しています。毎シーズン、矢継ぎ早に目新しい商品を店頭に並べて、とにかく買わせようとするブランドが多い中、そういう存在は貴重。

青山にあるドゥロワーという、パリのセレクトショップのようなお店もその一つ。そんなにしょっちゅうのぞくわけではないけれど、２～３ヵ月に一度訪れ、数年愛し続けているクローゼットの定番を買い足しているのです。

例えば、秋に買う、オリジナルのカシミアのニット。ごくごく薄い、「超ハイゲージ」のニット。キャメル、オフホワイト、ネイビー、そしてチャコールグレーにブラック。タートルとクルーネック、両方のデザインを同じ色で揃えていたり、もしくは色によって、このデザイン――と決めていたりもしますが、４年かけて、手持ちの数は７枚くらいになったでしょうか？

何も着ていないかのような軽い着心地で、計算された太い畝《うね》のリブ編み、コンパクト、けれどリラックスできるシルエット。そして最も気に入っているのは、ほのかに肌の存在が感じられるほどの薄さ。

実は、この肌の存在感は、「大人のニット」にははずせない条件。ざっくり編まれたローゲージのニットなら、デコルテか手首がきちんとアピールできるデザインでないといけないし、ハイゲージなら、肌が透けるほどの薄さでなければいけない。本来ニットは、マットな質感。20代には似合っていた、細リブのウールのニット、それもタートルネックは、30代のある日突然似合わなくなる。それは、マットな素材感で首まで覆ってしまうと、とたんに瑞々しさや艶《つや》っぽさが消えてしまうから——。

やはり、大人の女性のニットは、どこかに女性らしさ（もしかしたら清潔感のあるセクシーさとも言えるかもしれない）が大切なのだ。

そのことに気づいてから、タートルネックのニットが好きな私は少し落ち込みましたが、ドゥロワーのカシミアニットに出会ってからは、またニットのおしゃれを楽しめるようになりました。そして、同じことをきっとさまざまな人が感じ、熱烈に支持したからでしょうか。ベーシックなアイテムだし、もしかしたら一枚持っていたら、それで2年、3年と「もってしまう」ものだから、ブランドにとってはそれほどおいしい商品ではないと思うのですが、それでも毎年、少しずつ色を変えてショップに置いてくれる。私たちからすると信頼感、そしてブランド側にとってはプライドと言えるのかもしれませんが——これが、またもや私をショップへ向かわせるのです。

仕事柄さまざまなニットを見ますが、これほど普段のコーディネートに使えて、しかもデザインや色、着心地に至るまでパーフェクトなものには出会ったことはありません。手持ちのニットを目の前に、今年は何色を買い足そう――と妄想できるのも、毎年同じニットを手に取れるから。

ちなみに、ベストオブベストを決めるなら……。

黒のタートルネックと、グレーのクルーネック。この2枚があれば、1週間乗り切れる！　そう断言します。

パールが最も似合う季節

秋の号、それも9月号や10月号のファッションページでスタイリングをするとき、絶対にはずせないのがパールのジュエリー。中でも、バロックパールのネックレスはマストアイテム。複雑な光を放つバロックパールは、どんな色の服にもなじみ、そして、その柔らかい輝きは、素肌にのせても、ニットやシルクに合わせても美しく際立ってくれる。

季節を問わない素材ではあるけれど、夏の暑さや湿気にはできるだけ触れさせたくないし、冬の重ねるファッションでは、パールを生かしたコーディネートはしづらい。

そんなこともあって、私の中で「秋のジュエリー」と決めているのだ。

あるいは、夏の余韻が残る、少し日に焼けた肌も、まだ残暑厳しい日にも、あのまろやかな光沢があると、ぐっと秋の気分が高まるからかもしれない。少し大きめの、グレーを帯びたバロックパールのピアスをするだけで、120㎝のネックレスをストール代わりにさっとつけるだけで、季節の移り変わりを大切にしているように見えるから不思議。

秋になるとぐっと登場回数が増えるパールだけれど、一向に飽きることがないし、毎年どんなコーディネートにしようか……と考えるのも、この季節の楽しみの一つなのです。

時計を手元のコーディネートのメインにする

チェックのストールやトレンチコート、艶やかなレザーの乗馬ブーツ。

秋になると、どうしてかトラッドが気になる。夏はアンティークレースのマキシドレスを着ていた「ボヘミアンな人」だったのに、次の月には、しっかり「英国女子」になっている。きっと夏の解放感あふれるファッションに、もう飽き飽きして、きっちりと育ちの良いスタイリングがしたくなるからかもしれない。

理屈ではなく、おしゃれはこんな「気分の揺り戻し」があるものなのだ。

そう、それは全身のコーディネートだけでなく、小さなパーツも同じこと。

夏に「私の腕」を飾るのは、じゃらじゃらとレイヤードした華奢《きゃしゃ》なブレスレットだけれど、秋の腕には正統派の時計がただ一つ。

しかもステンレスのベルトではなく、革ベルトのクラシックなものがいい。品行方正な時計は、トラディショナルなアイテムにもぴったりと寄り添ってくれる。しかも、腕が無防備に露出していた夏と違い、手首まで、目の細かいコットンやハイゲージのウールに覆われた腕には、「時計一つ」の潔《いさぎよ》さがしっくりくる。

湿気を帯びた空気がいつの間にかからりとしたドライなものに変わり、半袖では心もとなくなる10月。日焼けが少し残る素肌に、こっくりと深いミラノブラウンの革ベルト、ゴールドのフェイスの時計がよく似合うのだ。

アニマル柄の小物も大活躍

一見難しそうに感じるアニマル柄。私の中では、実は、もう長い間「定番」

となっています。ただし、小物に限る、上質な素材である、そして柄の色は、あくまでベーシックカラーなこと——と、選ぶ際のルールはありますが……。

アニマル柄の中でも好きな、レオパード（ひょう）柄。よく見てみると、たいていの柄が、オフホワイト、ブラウン、ダークブラウン、もしくはキャメル、ブラウン、黒——、もともとクローゼットのほとんどを占めるベーシックカラーで構成されているのがわかります。だからこそ、手持ちの服にとてもよく似合う。

さらに、その地道な色たちを使ったスタイリングに、寄り添いながら、上品なポイントを加えてくれる役割も期待できる。例えば、オフホワイトのタートルニットに、ブラウンのレザージャケット、キャメル色のスカート。タイツはチャコールグレー。シックな色みで統一されてはいるけれど、使った色は全４色。やや散漫な印象になってしまうことも……。

そんなとき、レオパード柄のハラコ素材のバレエシューズを合わせたら。服に採用した色を美しく束ね、全身にまとまりと調和を生んでくれます。そして、この「調整役」は、小物だからできること。服だと、その強い印象が前に出すぎてしまうから要注意です。

最後に柄全体に言えることですが、素材は上質なものを。もともと押し出しの強いアニマル柄は、その色合わせや全体の印象が、シックでエレガントでないと、とたんに安っぽく見えてしまうから。使いやすいのは、サテンやリネン、ハラコなど。

上質なものを少しだけ——それが、アニマル柄を制する秘訣です。

最初に買うべきものはバッグ

買い物のページでも触れましたが、バッグは、そのシーズンのスタイリングの方向性をクリアにする存在。服はあくまでベーシックな私でさえ、バッグには、その年の気分やモードも投影させたい。だからこそ、季節のワードローブを揃えるのに、真っ先に買いたいのがバッグなのです。そして、それは特に冬に言えること。なぜ？　答えは、コートを着る季節だから。

バッグによっては、合わせられるコートをはっきりと選んでしまうものもある。

そう、手で持つか、もしくは肩に掛けるのか――バッグのストラップの長さによって、スタイリングの組み立て方が変わるのです。身体の真ん中に位置するのか、もしくは顔の近くにあるのか。

もし、手で持ったり、肘《ひじ》に掛けたりするタイプ――身体の中心にバッグが収まる場合は、あまり選ぶコートに悩まない。クラシックなノーカラーのウールのコートだって、ボーイフレンドシルエットのテーラードだって。そしてキャメルのガウンタイプもダウンコートもいける。避けたいのは、袖が先に向かって広がっているベルスリーブや、七分袖など短めの袖のものくらい。

対して肩に掛けるタイプは、肩章《けんしょう》などのディテールがないものがいいし、意外に素材が厚くて、バッグのショルダーが肩に収まらない場合もあるから、実はとても慎重になるべき。

実際私も、冬のおしゃれの主役だから、とコートを先に購入し、さあ、バッグを合わせようとすると、手持ちのものでは合わなかった——と、さらにバッグも買わなければいけない……なんていうことを経験しました。

コートを毎シーズン買い替えるのもなかなか難しいから、バッグで印象を変える……という意味でも、バッグを先に決定し、その後その年のバッグに似合うコートを手持ちの服から選ぶ。これが賢いやり方だと、そのときから実践しています。

トレンチコートを買うなら冬

間違いなく、私のワードローブの現在も、そして未来も支えてくれる存在がトレンチコート。もともとイギリス軍の雨よけのコートとしてデザインされたトレンチコートは、シンプルでマニッシュ。そして、実用的でファッショナブル。肩章やチンウォーマーなど、とことんベーシックに忠実な一着が、結局は長く使える。

そのトレンチコート――今や、春、秋、そして冬と店頭に並ぶ超定番アイテム。ただし、基本にのっとった、そしてシーズンを超えて使える一着は、冬にこそ買うべき。

春に登場するコートは、薄いグレーや、ベージュなど、やはり軽やかな春の色。素材だって、ぐんと薄く、フェミニンな印象になります。丈も、実は合わせるボトムスを選んでしまう、ショート丈に……。これでは、結局、春専用のコートになってしまって不経済。

秋には、シンプルなカーキベージュは出てきますが、ライナーがついていないものが多い。ライナーとは、コート本体に付けられた、取り外しできる裏地のこと。最近では、ブリティッシュチェックのおしゃれなものや、かなり厚手のウールなども。そしてこのライナーも、買うべきトレンチコートのチェック項目に入れてほしいのです。秋や春本番はこのライナーをはずして、そして真冬はもちろんセットインすれば、夏以外の3シーズンきっちり使えます。

だから、トレンチコートを買うのは、冬のはじめ、そろそろ「今年のコートは何着ようかな?」と考え始めるころ。カーキベージュの、厚手でしっかりした素材。そして基本のディテールに忠実なデザイン。さらに、取り外し可能なライナーが付いている。こんな一着が見つかるからなのです。

「コートを脱いでも」素敵でいたい

コートは、確かに値段も張るし、全身に占める分量もとても大きい。ただし、全身のコーディネートを作る、他の一つ一つのアイテムと、パワーバランスは、ほぼ同じ。このことは、冬のおしゃれで気をつけたいこと。実はコートを脱いでいる時間のほうが多いにもかかわらず、そのコートにお金も気合もかけすぎて失敗することが、私も含めて、とても多いからです。

コート自身に潜《ひそ》む存在感や、もちろん重衣料だからこその重量感。これを引き算して、選ぶべきコートは、ごくシンプルなもの。そしてインナーのコーディネートは、コートを着ている私と、脱いだときの私が別人にならないように気を配って。

インナーがシンプルなニット一枚では、その印象の強さは、「コートを着ているとき∨コートを脱いだとき」になってしまう。だから、ニットの衿元《えりもと》にスカーフを巻く、もしくはシルクのシャツの衿をのぞかせる……など、「プラスしていく」スタイリングが、「コートの中」には必要なのです。

私の愛すべき小さなクローゼットに、冬、ボーダーが増える理由も、コートを着るから。柄の服は、特に冬は扱いがとても難しいけれど、ボーダーは別。ブラウン×ネイビーのタートルネックのニットや、黒×キャメルのカーディガン、ネイビー×白のカシミアのニットも。もうずっと長い間、冬の定番。

そう、ボーダーは、そのリズミカルな柄のおかげで、コートを脱いでも、脱ぐ前と同じくらいの、「強さ」が期待できるから。ニットにコートを重ねただけの、シンプルなコーディネートなのに、室内でも屋外でも「手を抜いた」ように見えないのです。

「どうせコートで隠れてしまうから」、と冬のスタイリングを簡単に考えてしまうのは、もったいない。重ねるアイテムが多いからこそ、計算すればするほど、おしゃれ度は確実にアップする。個人的に冬という季節は嫌いだけれど、冬のおしゃれは好き——こんな理由は、そこにあるのかもしれません。

スカートは1着、タイツは3枚

冬のスカートは、タイツ選びによって、印象も、そして成否すら決まる。例えば、光沢のあるシルクサテンのコクーン（まゆ）形のスカート。色はキャメル。シーン別に、最適なタイツを考えてみましょう。

まず、オフィス。艶やかなサテン素材は華やかさを、「地に足がついた」ものにするのは、コットン混のスムースな黒のタイツ。コットンが少しでも含まれていると、いやなテカリのない、マットな質感が手に入り、そしてほんのりと肌が透けて「いい具合」になります。これが大切。スカートがシャイニーだから、タイツで真面目な印象にするのです。もちろん足元は、パンプスで。スウェードでもパテントレザーでも。

そして休日。同じスカートで、タイツを細いリブの入った、ウールのものに。色はチャコールグレー。イメージとしては、細い畝のタートルネックのニットのような素材感。スカートと正反対の素材で、脚を思い切りカジュアルに装えば、オフィスのときのスカートと全く違うベクトルで着こなせます。靴は、フラットなバレエシューズでもいいし、ぺたんこのロングブーツでもいい。タイツのラフな質感と合うのは、やっぱりスウェード。

最後にデート。よくミラノの女の子がはいているような、透かし模様の入ったタイツで。色は黒。そのほうが、透けた肌とのコントラストがはっきりして、より女性らしい印象になるから。スウェードのブーティを合わせれば、色っぽさと凛々《りり》しさ、両方手に入ります。

こんなふうに、スカートをどう着こなしたいかによって、タイツは注意深く選びたい。そして、そのタイツは上質なものでなくては！　インポートのものだとそれなりに値段も張るので、スカートは数少なく揃え、毎日の印象はタイツで変える——のが賢いと思う。

ニットは色を統一すると便利

グレーのニット、何枚持っているか数えたら、冬のものだけで9枚。一番明るい色が、白をたっぷり含んだトップグレーの、クルーネックニット。最も深い色は、かなり厚手の、Vネックのカシミアニット。その他を見ても、エンブレム付きのクルーネックや、ミドルグレーのカーディガン、かなりざっくり編んだアランニットもあった。

　そしてこれらのニットは、キャメルのノーカラーのコートにも、カラフルなダウンベストにも、黒のライダースにだって、パーフェクトにマッチしてくれる。とても頼もしい存在なのです。

　冬のワードローブで、最も数を揃えるべきは、こんなニット。すべてのアウター、もちろんボトムスにも——合う「一色」を、デザイン違いで持っているのが理想。コートとボトムス、もしくはコートとバッグ、ボトムスと靴、のように、アイテム同士をきれいにつないでくれるのが、冬のニットの仕事。だからこそ、ここに個性を投影する必要はないし、さまざまな色を持つ必要もないのです。

　黒派の人、ブラウン好きな人。どんな色にもしっくりくるのは、やはりグレーだと思います。そのほか、カーキにだって、ネイビーにだって、もちろん合う。このコートには、この色を合わせたいのだけれど、手持ちのデザインでは衿がうまくフィットしない——こんなストレスから解放されるためにも「同じ色」で「さまざまなかたち」のニットを揃えることをおすすめします。

素材の表情をいくつも重ねる

冬のおしゃれは、色をたくさん重ねるより、色は1つか2つに絞《しぼ》って、異なる素材を積み重ねていくほうがおしゃれに見える。そして、アイテムをいくつも重ねられるこの季節だからこそ、こんなスタイリングを楽しみたいもの。

光沢の少ないマットな素材を土台に、シャイニーな素材を少量きかせて――これが理想。

ウール、カシミア、スウェット、フラノ、スウェードなどはマットな素材。対して、表革、サテン、シルク、ラメ、スパンコールなどはシャイニーな素材。

コートもインナーもタイツも靴もマットな素材で、スカートだけ艶やか。例えば黒の全身だったとしても、この素材の強弱があるだけで、ぐっと華やかに印象深くなるのです。

色を楽しむおしゃれ、インパクトのあるシルエットで見せるスタイル、もしくは個性的なディテールで記憶に残る着こなし。「装うこと」には、さまざまなベクトルがあります。素材合わせの妙で作るコーディネートは、決して強さがあるものではありませんが、「近くで見る」とよりきれい、そして静かで好ましい印象を長く残してくれる――そう思います。

白はあくまでもきかせ色

ブラウンやグレー、ネイビーがスタイリングで占める役割が「影」だとしたら、白は「光」。コーディネートの土台を担うベーシックカラーではなく、あくまでもきかせる色。だから夏のワンピース以外で大きく使う色ではない、と思っています。ただし、確実に全身の印象を左右する色だから、効果的に少量使いたい。

例えば冬の真っ白なダウンや、「オールホワイト」、そう、全身素材違いの白の着こなしにも憧れたけれど、白って、スペシャルである代わりに、実は着まわしのきかない色。限られた数十着の服でおしゃれを楽しむ、ほとんどの人には難しいコーディネートです。だから私は、コットンのシャツの衿やパールのネックレス、レザーのブレスレットなど——部分的に白を取り入れるようにしています。ただし、夏のコットンのマキシドレスのような例外をのぞいて。

「小さな部分」で取り入れた白——顔まわりなら表情を確実に華やかに見せてくれるし、手元の白だって、全身に明るさをプラスしてくれる。もちろん、ネイビーとの掛け合わせのボーダーに含まれる白にだって、同じ効果は期待できる。何気なく使える色ではない白、そう考えながらスタイリングすれば、着こなしに小さくきかせた白同様、「私自身のおしゃれ」も、大勢の中にいても際立ってくるのです。

それでは、具体的な白のきかせ方をご紹介しましょう。

「影の色」の分量が大きく、服や小物の素材の表情も豊かになる冬。着こなしにきかせたいのは、例えば白いシャツの衿先、カフス、ときには裾《すそ》。ぱりっとしたコットンの白は、冬のコーディネートにきちんと影響するのがわかります。もしくは、ダウンジャケットに、あえてはずしてこそ可愛い、白のニットグローブなど。

こうしてみると、小さな分量で使うからこそ、白の存在意義があるのがわかります。決してメインのアイテムにはなり得ないけれど、間違いなく必要――そう、白は私にとって特別な色。もしかしたらある意味、ジュエリーが果たす役割に近いかもしれません。

全身に使う色は3色まで

スタイリングで使う色は、ほとんどの場合、3色までと決めている。1色だと単調だし、2色だと地味。3色がちょうどいい。

ベースの色と、ベースの色と相性がいいもう一色、そして「はずし」の色。このトライアングルが作れるようになると、本当におしゃれはぐっと進歩する。そしてそのためには、毎年「はずし」の色は変わってもいいけれど、ベースカラーはきちんと決めておかなくては！

私の場合は、もちろんグレー。土台にする色は、深みのある濃いグレーです。例えばグレーのクルーネックのニットに、グレーのパンツ。それにチョコレートブラウンのレザーのブルゾンを羽織って、ブラウンのブーツを合わせる。そう、これで2色はすでに使っていて、残るは「はずし」の色1色。

あくまではずしなので、少量で大丈夫。例えば深いグリーンのグローブや、もしくはモーヴピンクの革ベルトの時計と同じ色の石がついたリング……のように。

土台の色は、細かい色みまではもしかしたら印象に残らないけれど、コーディネートの背景としての役割を果たしてくれる。「もう一色」は、そのベースの色を引き締めてくれる輪郭のような存在。そして、ほんの少し使った「はずし」の色の、深さやトーンまでもが、意外に細かく印象に残ったりする。

着る「私自身」が、一言でどんな人、と言い表せないように、コーディネートに使用する色だって同じ。決しておしゃべりに語りすぎず、言い足りないということもない、3色がちょうどいいのだと思います。

あとがき

『おしゃれの手抜き』と、この『おしゃれの練習帖』の間、約1年の間に、第3子を出産しました。初期のつわりのつらい時期から、だんだんとおなかがふくらんで、臨月になり……。どうしてこんなことを書くかというと、その10ヵ月に、私なりにおしゃれというものを考え直すことができたからです。

妊娠中のさまざまな理由で、自由にファッションが楽しめない期間があったことで、改めて気づいたのでした。

私にとっておしゃれって、仕事だからするものではなく、最も「楽しいこと」の一つだったということに。

そしてもう一つ。

好きが高じてファッション誌の編集者になったときにもっていた、とても熱い気持ちを忘れていたんじゃない？　とも。

そうそう！　おしゃれをすることが楽しくて楽しくて、それが仕事になって、その根本には「こんな楽しいことをみんなに伝えたい」という思いがあったはず。そしてその思いって恥ずかしくなるほど強く大きいもので、それが私をここまで育ててくれたんだ――。

そのことを、妊娠中の雑誌のスタイリングの仕事や、これまた一昨年前から細々と続けているブログという場所で改めて深く考えたのでした。

1冊目と2冊目の間に、こんな時間があったのは幸いでした。

勢いで書き連ねたルールのほかに、自分のおしゃれ人生ともいえる、さまざまなできごとや考えを、23歳で出版社に入社し、大好きな「ヴァンテーヌ」という雑誌の編集者になったときの気持ちでもう一度考えてみたのです。「はじめに」でも書きましたが、もちろん、ここに書かれていることすべてが、すべての人に正解ではないでしょう。そして「これができないからおしゃれじゃないんだ」ということでもありません。一つのヒントであり、私自身の経験に基づく法則です。

今、3人の子供たちと夫とにぎやかに暮らしています。朝は今まで以上に時間がなく、時に自分はしっかり用意して出かけたけれど、娘の保育園のバッグを忘れていた——なんてことも。ティーンエイジャー手前の長女は、これまでのように無条件で私の選んだ服は着ないし、5歳の息子は、それはもう手がかかって……。まだ赤ん坊の末娘を抱くために、スウェットやパーカもワードローブに加わりました。そしてきっと、5年後、この経験はまた新しい「私のおしゃれ」を支えるのだと思います。

悩み多き20代、30代前半を過ぎ、30代後半で自分のスタイルが確立しました。そしてこれから40代にかけて、最後の大きな挑戦をしようと思っています。この原稿を書いている2011年の冬は、今までほとんど着ることがなかった「黒」の着こなしにトライしました。そして、それはなかなか自分によく似合い、新たなおしゃれの筋道を立ててくれました。今後は、女性らしいシルエットにも袖を通してみたいし、とことんトラッドなスタイリングもいいかもしれない。

そうやってエキサイティングな40代を過ごし、50代後半、60代になったとき、ほんの少しの服とバッグがまわりにあればいいな、と思います。誰よりも自分に最も似合い、最後まで近くにいてくれるシャツやコート、そしてバッグや靴。そんな最上のお気に入りたちと、最高に研ぎ澄まされた、けれど肩の力の抜けたおしゃれをして、「おばあちゃん」になっていきたい！

最後に。

もう一度こうして表現する場を与えてくださった、講談社の相場美香さん。お尻に火がつくまでなかなか書き始めない私を、気長に待ってくださり、本当にありがとうございました。

雑誌やブログのコメントで、いつも励まして、たくさんの愛情をくださった読者の皆さま。

そして、いったん原稿を書き始めると、夕食の支度も遅れがちなお母ちゃんを温かく見守ってくれた、夫、チャーリーはじめ、３人の子供たち。

本当に、本当にありがとうございました。

読んでくださったすべての方へ――

おしゃれがもっと楽しくなりますように。

２０１１年２月

大草直子

文庫版あとがき

文庫版を出版していただくにあたり、新しい気持ちで『おしゃれの練習帖』を読み返しました。当時、生後数カ月だった末っ子も、今、もう3歳。時間の流れは早いものです。

秒速で変わっていく自分のまわりの景色に流されそうになりながら、私たちは足を踏みしめ、時に歯を食いしばり生きています。おしゃれは、その中にある一つの要素。「大切だけれど、すべてではないんだなあ……」

自分の横を飛び去っていった時間の流れに思いをはせながら、改めてそんなことを考えました。毎日忙しい私たち。この本で紹介させていただいた「ファッションのルール」が、毎朝のコーディネートの時間を少しでも短縮し、ほかの「たくさんの楽しいこと」にその浮いた時間を使っていただけたら、本当にうれしく思います。

最後に、『おしゃれの練習帖』の文庫化を実現してくださった、講談社の岡部奈央子さんにお礼を申し上げたいと思います。

遡って、『おしゃれの練習帖』を3年前に出版してくださった、同じく講談社の相場美香さんにも。

そして、この本を手に取り、ラストまで読んでくださった皆さま。ありがとうございました。最後のメッセージは、3年前と変わりません。

おしゃれがもっと、楽しくなりますように――。

本作品は二〇一一年三月に小社より刊行された単行本『理論派スタイリストが伝授
おしゃれの練習帖』を文庫収録にあたり、改題し、加筆、改筆したものです。

大草直子－1972年、東京生まれ。スタイリスト、エディター。
大学卒業後、出版社に就職、女性誌で編集の仕事に携わる。退職後、フリーでファッション誌を中心に、スタイリスト、編集経験を活かし、エディターとしても活躍中。さらにブランドとのコラボレーションやトークショーなど活動の場を広げている。著書には『おしゃれの手抜き』『大草直子の〝考えるおしゃれ〟』『大草直子の最愛リスト』（以上、講談社）、『大草直子のStyling Book』『Naoko Okusa's Real Coordinate』（以上、ワニブックス）などがある。

講談社＋α文庫 理論派スタイリストが伝授

大人《おとな》のおしゃれ練習帖《れんしゅうちょう》

大草直子《おおくさなおこ》

2014年3月19日第1刷発行

発行者――鈴木 哲
発行所――株式会社 講談社
東京都文京区音羽2-12-21 〒112-8001
電話 出版部(03)5395-3529
販売部(03)5395-5817
業務部(03)5395-3615
著者顔写真――最上裕美子
物写真――大坪尚人（本社写真部）
デザイン――鈴木成一デザイン室
本文データ制作――朝日メディアインターナショナル株式会社
カバー印刷――凸版印刷株式会社
印刷――慶昌堂印刷株式会社
製本――株式会社国宝社

落丁本・乱丁本は購入書店名を明記のうえ、小社業務部あてにお送りください。
送料は小社負担にてお取り替えします。
なお、この本の内容についてのお問い合わせは
生活文化第二出版部あてにお願いいたします。
Printed in Japan ISBN978-4-06-281549-9
定価はカバーに表示してあります。

講談社+α文庫 ©生活情報

首・肩・ひざの痛みは「温めて」治す!	吉田始史 高松和夫 監修	誰でも簡単に、悩みとなっている「痛み」を軽減し、さびない体づくりを実践できる!	580円	C 176-2
理論派スタイリストが伝授 おしゃれの手抜き	大草直子	大人気スタイリストが雑誌では語れない本音を大公開。センスがなくてもおしゃれになれる!	580円	C 177-1
理論派スタイリストが伝授 大人のおしゃれ練習帖	大草直子	ワードローブの作り方や、体型の活かし方など知ればおしゃれが楽しくなるアイディアが満載!	580円	C 177-2
朝ジュースダイエット 酵素の力でやせる!	藤井香江	朝食をジュースにかえるだけで、半年で20kgの減量に成功! やせるジュース67点を紹介	648円	C 178-1
強火をやめると、誰でも料理がうまくなる!	水島弘史	気鋭のシェフが辿り着いた、科学的調理術。たった3つのルールで、美味しく作れる!	648円	C 179-1
本当に知りたかった 美肌の教科書	山本未奈子	日本人の知らない、正しい美容法。これまでの習慣と思い込みを捨てれば、美肌は簡単!	562円	C 180-1
髙橋ミカ流 毒出しスリムマッサージ	髙橋ミカ	体の毒素を流せば、誰でも美ボディ・美肌に! ゴッドハンドが教える究極のマッサージ術	570円	C 181-1
お金に愛される人、お金に嫌われる人	石原加受子	「自分の気持ち」を優先すると、一生お金に困らない! 自分中心心理学でお金持ちになる	600円	C 182-1
錯視で大人の脳トレーニング	篠原菊紀 監修 グループ・コロンブス 編	自分の目に自分の脳が騙される錯視クイズ69。面白体験で脳トレーニング!	580円	C 183-1
家計簿をつけなくても、お金がどんどん貯まる!	野瀬大樹 野瀬裕子	現役公認会計士夫婦が、1年で貯金を100倍、生活費を半減させた、革命的な貯金術	620円	C 184-1

*印は書き下ろし・オリジナル作品

表示価格はすべて本体価格(税別)です。本体価格は変更することがあります